新时代人民民主的法治保障研究

王志豪◎著

新 华 出 版 社

图书在版编目（CIP）数据

新时代人民民主的法治保障研究 / 王志豪著.
北京:新华出版社，2024.12. -- ISBN 978-7-5166
-7701-8

Ⅰ. D621；D920.0

中国国家版本馆 CIP 数据核字第 20245F5V64 号

新时代人民民主的法治保障研究

著者：王志豪

出版发行：新华出版社有限责任公司

（北京市石景山区京原路 8 号　邮编：100040）

印刷：北京四海锦诚印刷技术有限公司

成品尺寸：170mm×240mm 1/16　　印张：12.5　　字数：203 千字

版次：2025年3月第 1 版　　印次：2025年3月第 1 次印刷

书号：ISBN 978-7-5166-7701-8　　定价：79.00 元

前　言

在时代的洪流中，人民民主始终是推动社会进步与文明发展的重要力量。随着中国特色社会主义进入新时代，人民民主的内涵与外延不断丰富，其法治保障更是成为国家治理体系和治理能力现代化的关键所在。本书正是在这一宏大背景下应运而生的，旨在深入探讨新时代人民民主与法治之间的内在联系，为构建更加完善的人民民主法治体系提供理论支撑与实践指导。

本书内容广泛而深刻，不局限于对民主概念的简单阐述，而是深入挖掘其背后的价值追求与实现机制。本书首先从民主的本质出发，探讨其作为人类社会解放的重要标志，以及在不同历史阶段和社会形态中的表现形式与实现路径。随后聚焦于人民民主的理论依据，系统梳理了马克思主义民主理论、列宁民主理论及新时代中国特色社会主义民主理论的演进脉络，为新时代人民民主的实践提供了坚实的理论基础。在法治保障的维度上，本书着重分析了法治对于人民民主的重要作用与意义，不仅强调了法治在保障人民权利、规范权力运行、维护社会稳定等方面的基本功能，还深入探讨了法治对于国家治理体系和治理能力现代化的推动作用，以及对全面建设社会主义现代化国家的支撑作用。通过这些分析，旨在揭示法治与人民民主之间的内在逻辑，为新时代人民民主的法治保障提供理论支撑。

本书逻辑严密、论述深入、理论与实践相结合，注重从理论层面出发，对新时代人民民主与法治保障的相关问题进行深入剖析，同时也不忘结合具体实践，通过案例分析、比较研究等方法，揭示其在实际操作中的具体问题并提供解决方案。此外，本书还注重语言的通俗易懂与逻辑的清晰性，力求使读者能够轻松理解并掌握相关理论知识。

本书在写作的过程中得到许多专家学者的指导和帮助，在此表示诚挚的谢意。书中所涉及的内容难免有疏漏与不够严谨之处，希望读者朋友们能够批评指正，以待进一步修改。

前言

目　录

第一章　民主及其价值

第一节　民主与人类社会解放

人类社会的历史过程就是人类不断摆脱各种羁绊、不断解放的过程，而民主政治的发展一方面是人类解放的重要内容，另一方面也是衡量人类解放程度的重要标志。

一、民主的定义与内涵

民主，这一概念在现代政治理论与实践中占据核心地位，其词源、历史演变及核心要素均值得深入探讨。民主不仅是一个政治概念，更是一种社会理念，它关乎人类社会的组织方式、权力分配及个体与集体的关系。“民主是人类社会普遍向往的价值原则，也是社会主义的本质要义。”①

（一）民主的词源与历史演变

“民主”一词源于古希腊文，字面意义为“人民的统治”或“多数人的统治”。在古希腊雅典，民主作为一种政治制度首次出现，其特点是公民大会作为最高权力机构，所有成年男性公民都有参与决策的权利。然而，这种原始的民主形式并不包括所有社会成员，如妇女、奴隶和外邦人被排除在外。

随着时间的推移，民主理念在欧洲经历了中世纪的沉寂后，在启蒙时代重新焕发光彩。思想家如卢梭、孟德斯鸠等人提出了人民主权、社会契约等理论，为现代民主制度奠定了理论基础。19 世纪至 20 世纪，随着工业革命的推进和社会结构的变化，民主制度逐渐在全球范围内扩散，成为多数国家选择的政治体制。

---

① 房圣康，李楠. 社会主义民主的演进历程、根本超越及建设路径［J］. 中州学刊，2024（5）：18-23.

在当代，民主已不仅局限于政治领域，它还渗透到社会、经济和文化等多个层面。民主化进程往往伴随着政治权力的分散、公民社会的崛起及多元文化的包容。尽管不同国家和地区对民主的理解和实践存在差异，但民主作为一种普遍的政治价值和社会目标，已在全球范围内得到广泛认同。

（二）民主的核心要素：自由、平等、参与

民主作为一种政治理念和制度，其核心要素包括自由、平等和参与。这三个要素相互关联，共同构成了民主制度的基石。

首先，自由。在民主社会中，自由意味着个体能够自主地表达自己的意见、追求自己的利益，并在法律允许的范围内行动而不受他人无理干涉。政治自由是民主制度的核心，它包括言论自由、选举自由、集会自由等。这些自由确保了公民能够充分参与政治生活，对政府决策产生影响。同时，经济自由和文化自由也是民主社会的重要组成部分，它们为个体提供了追求幸福和实现自我价值的广阔空间。

其次，平等。平等是民主制度的另一个基石，它要求所有公民在法律面前一律平等，享有同等的权利和机会。这意味着无论个体的社会地位、财富状况或种族背景如何，他们都应该受到公正对待，并有机会参与政治决策。平等原则还体现在资源的分配上，民主社会致力于减少贫富差距，确保每个公民都能获得基本的生活保障和发展机会。通过平等的制度设计，民主社会努力消除歧视和偏见，构建一个更加公正和谐的社会环境。

最后，参与。参与是民主制度的实现方式，它要求公民积极投入政治和社会生活中，通过选举、协商、监督等方式影响政府决策。参与原则体现了民主制度的本质特征，即人民的统治。在民主社会中，公民不仅是政策的接受者，更是政策的制定者和监督者。通过广泛的公民参与，民主制度能够更加准确地反映民意，制定出更加符合公众利益的政策。同时，参与也是培养公民意识和责任感的重要途径，它有助于增强社会的凝聚力和稳定性。

作为一个复杂而多元的概念，民主在不同的社会和文化背景下呈现出不同的面貌。然而，无论其具体形式如何变化，自由、平等和参与始终是民主制度的基

石。这三个要素相互支撑、相互促进，共同构成了民主社会的核心价值观和制度框架。在当代社会，民主不仅是政治制度的选择，更是一种生活方式和价值追求。它鼓励人们积极参与政治和社会生活，追求自由和平等，共同创造一个更加公正、和谐和繁荣的社会。

二、民主与人类社会解放的关系

（一）民主是人类社会解放的标志

在人类社会的发展历程中，民主一直被视为解放与进步的重要标志。它不仅代表着政治制度的变革，更深刻地影响着社会结构、文化观念及个体的生活方式。民主与人类社会解放之间的关系，体现在多个层面，包括政治、经济、社会和文化等。民主作为人类社会解放的标志，具有深远的历史意义和现实价值。同时，民主在推动社会变革中发挥着不可替代的作用，它为社会进步和发展提供了强大的动力。

从历史的角度来看，民主的兴起往往伴随着人类社会从封建、专制等压迫性体制中解放出来的过程。在封建社会中，权力高度集中于君主或贵族手中，广大民众被剥夺了参与政治和决策的权利。而民主制度的出现，打破了这种权力垄断，使人民有机会通过自己的代表或直接参与来影响政治决策。这种变革不仅意味着政治权力的重新分配，更代表着人民在政治生活中的地位和角色的根本性提升。因此，民主可以被视为人类社会从压迫和束缚中解放出来的重要标志。

进一步说，民主作为人类社会解放的标志，还体现在它对个体自由和权利的保障上。在民主社会中，每个人的基本权利和自由都受到法律的保护，无论其社会地位、财富状况或种族背景如何。这种对个体权利的尊重和保护，是人类社会解放的重要体现。它确保了每个人都有机会追求自己的幸福和实现自我价值，而不受他人的无理干涉和压迫。

此外，民主还促进了社会的公正和平等。在民主制度下，法律面前人人平等，每个人都有机会获得公正对待。这种公正和平等的环境为社会的和谐与稳定提供了坚实的基础。同时，民主还鼓励多元文化的包容和发展，使不同社会群体能够和平共处、相互尊重。这种文化的多样性和包容性也是人类社会解放的重要标志之一。

（二）民主是政治解放的主要内容

政治解放作为人类社会发展的重要阶段，其核心在于实现了国家与市民社会的分离，这一进程不仅重塑了社会结构，也极大地推动了民主政治的兴起与发展。在这一过程中，民主作为政治解放的主要内容，其内涵与外延均得到了显著的丰富与拓展。

政治解放首先带来了人们政治权利的普遍化，国家事务转变为普遍事务，每个个体无论其社会地位如何，均被赋予公民身份，享有平等的政治权利。这不仅是对专制制度下等级制和人身依附关系的根本性颠覆，也为人的全面发展提供了广阔的空间。人们不再受限于传统的身份束缚，而是能够在经济、政治等各个领域追求自我实现，体现了民主政治对个体自由与平等的深刻承诺。

人权原则的确立是政治解放的另一重要成果。市民社会从国家手中夺回了属于自己的人权，个人不再是制度或等级的附属品，而是拥有了基于自然法则的、不可剥夺的权利。这一转变标志着个人价值的提升和社会正义的进步，为后续的民主实践奠定了坚实的道德和法律基础。

政治解放还促进了平等与自由观念的新发展。随着市场交换原则的确立，平等与自由在经济领域获得了新的内容和实践基础。虽然这种平等与自由在资本主义框架下仍存在一定的局限性，但其对封建束缚的突破和对个体权益的维护，无疑为民主社会的构建提供了重要的理论与实践支撑。

然而，政治解放的局限性也逐渐显现，特别是在民主实践层面。市民社会获得的人权往往局限于利己主义范畴，个体的孤立与对立状态导致社会整体的分裂与不和谐。同时，民主政治在实践中往往被资本所操控，形式上的平等掩盖了实质上的不平等，民主成为资本的工具，其普遍价值被严重扭曲。此外，资产阶级民主国家在国际事务中常将民主作为干涉他国、维护自身利益的手段，进一步背离了民主增进人类共同福祉的初衷。

政治解放作为民主发展的重要阶段，既为民主政治的确立提供了关键性的推动，也暴露了其自身无法克服的局限。这表明，民主政治的演进是一个不断超越自身局限、追求更高层次解放的过程，要求在肯定其历史贡献的同时，也要批判性地审视其现存问题，并探索更加完善、更加符合人类共同利益的民主形态。

（三）民主是人类实现自身解放的核心路径

鉴于政治解放虽标榜人权的确立，却未触及市民社会的本质，仅实现了市民社会与政治领域的初步分离，历史的进程远未终结。超越政治解放，迈向人类解放，是历史演进的必然趋势。人类解放的深层含义在于彻底消除市民社会与政治国家间的矛盾，使二者的分离状态消弭，市民社会的利己主义、封闭性特征得以消解，人际敌对关系转变为和谐共生，人们重新确立为权利的主体。这一解放过程作为一种现实运动，其完成标志在于：个体不仅作为抽象的公民存在，更在日常生活、个人劳动及人际关系中实现类存在；当人们认识到并组织起自身的“原有力量”为社会力量，且不再将此社会力量与政治力量割裂时，人类解放方能实现。此解放过程标志着人类社会由资本主义向共产主义的转型，尽管不同资本主义发展程度的国家表现形态各异，但其主体力量均为工人阶级。

马克思深入分析了 19 世纪德国在资本主义相对落后情境下实现人类解放的可能性，指出关键在于形成一个承受彻底锁链的阶级——一个非市民社会阶级的市民社会阶级，它代表着所有等级的解体，并因普遍受苦而具有普遍性，不求特殊权利，只诉诸人的权利。这一领域的形成意味着人的完全丧失，并唯有通过人的全面恢复方能实现自我复原。社会解体的终端产物，即无产阶级这一特殊等级，它明确了无产阶级的历史使命，将人类解放寄托于无产阶级，指明了民主政治的发展方向。

从政治解放至人类解放的变迁，深刻重塑了社会关系，这集中体现在社会制度的变革上，不同的社会制度映射出不同的社会关系，而这些社会关系又集中体现在民主政治之中。资本主义社会的民主政治虽确立了普遍性原则，民众平等享有权利，但这些权利往往虚幻，实则反映了资本对劳动的剥削与压迫。资本主义民主与真正民主不相容，马克思指出，在真正的民主制中，政治国家将不复存在。真正的民主制消除了政治国家与市民社会的分裂，使普遍性原则惠及广大民众，人际关系不再是对立，而是真正的平等。国家作为阶级统治工具的消亡，意味着大多数人当家做主的民主亦不复存在。列宁进一步指出，发展的辩证法是从专制到资产阶级民主，再到无产阶级民主，最终至无任何民主的状态。

无产阶级民主对资产阶级民主的超越，并非凭空产生，而是充分吸纳了资产阶级民主的成果，是一个历史性的扬弃过程。资产阶级经过长期斗争，在欧美国家建立了共和制，通过一系列民主制度和法律巩固了其统治，促进了社会生产力的发展。共和制民主是私有制下现代民主最全面、最完善的形式，它逐渐废除了基于财产的公民权利划分，所形成的法制、限权、公民参与规则及由此孕育的民主精神，极大地提升了人们对自由、民主、平等等权利的认识，深化了人的自我认知。无产阶级民主不仅是对资产阶级民主的扬弃，也为民主的最终消亡奠定了基础。无产阶级政权的建立为此提供了制度保障，如巴黎公社的民主实践，以及俄国苏维埃政权对民主范围的空前扩大，均体现了无产阶级民主的优势与进步性。尽管无产阶级民主在发展过程中面临挑战，但其作为对资本主义民主的历史性超越，符合历史发展的客观规律。

（四）民主在推动社会变革中的作用

民主不仅在政治层面推动了社会的解放，还在更广泛的社会变革中发挥了重要作用。

首先，民主为社会的经济变革提供了动力。在民主制度下，人民的意愿和需求能够更直接地反映到政策制定中。这意味着政府更有可能制定出符合人民利益的经济政策，推动经济的持续发展和繁荣。同时，民主还促进了市场经济的公平竞争和创新精神，为社会的经济活力提供了保障。

其次，民主在社会层面推动了变革。在民主社会中，人民有更多的机会参与社会事务的管理和决策。这种广泛的参与不仅增强了人民的责任感和归属感，还促进了社会的凝聚力和稳定性。同时，民主还推动了社会公益事业的发展，使社会资源能够更公平地分配给不同社会群体。这种社会层面的变革为人类的全面发展和社会的进步提供了有力支持。

最后，民主在文化层面也推动了变革。在民主社会中，多元文化的包容和发展得到了鼓励和支持。不同文化背景下的个体和群体能够自由地表达自己的文化认同和价值观，促进了文化的多样性和创新性。这种文化层面的变革不仅丰富了人类的精神生活，还为社会的持续发展和进步提供了源源不断的动力。

民主与人类社会解放之间存在着密切的关系。民主作为人类社会解放的标志，代表着政治制度的变革、个体自由和权利的保障及社会的公正和平等。同时，民主在推动社会变革中发挥着不可替代的作用，为社会的经济、社会和文化层面的发展提供了强大的动力。在当代社会中，应该更加珍视和发扬民主精神，推动社会的全面进步和发展。

三、民主对个体与社会的影响

民主作为一种政治体制和社会理念，不仅深刻地影响着政治层面的权力分配和决策机制，还广泛地对个体权利与自由及社会公正与和谐产生着积极的影响。民主制度的建立和实施，为个体提供了更为广阔的自我发展空间，同时也为社会整体的稳定和进步奠定了坚实的基础。

（一）民主对个体权利与自由的保障

民主制度的核心理念之一是对个体权利与自由的尊重与保障。在民主社会中，每个人的基本权利，如生命权、自由权、财产权等，都受到法律的严格保护。这些权利不是由政府或少数人任意赋予的，而是作为民主制度的基础，被明确地写入宪法和法律之中，成为不可侵犯的公民权利。

民主制度通过一系列的法律和制度机制，确保了个体在政治生活中的平等参与。选举制度、言论自由、集会自由等民主制度的重要组成部分，都为个体提供了表达意见、参与决策和监督政府的渠道。这些机制的存在使得个体能够真正地参与到政治生活中，而不是被边缘化或排斥。

此外，民主制度还通过独立的司法体系和公正的司法程序，为个体提供了权利救济的途径。当个体的权利受到侵犯时，他们可以通过法律途径寻求救济，维护自己的合法权益。这种对个体权利的保障不仅增强了个体的安全感和归属感，也促进了社会的稳定和和谐。

在民主社会中，个体的自由也得到了充分的尊重和保障。民主制度鼓励个体追求自己的幸福和实现自我价值，而不受他人的无理干涉和压迫。这种对个体自由的尊重不仅体现在政治领域，也渗透到经济、社会和文化等各个领域。个体在民主社会中拥有更多的选择和机会，能够自由地追求自己的梦想和目标。

（二）民主对社会公正与和谐的促进作用

民主制度不仅关注个体权利与自由的保障，还致力于促进社会的公正与和谐。在民主社会中，公正被视为社会的基本价值之一，也是民主制度的重要追求。

民主制度通过公正的法律和制度机制，确保每个人在社会中都受到平等对待。无论个体的社会地位、财富状况或种族背景如何，他们都应该享有同等的权利和机会。这种公正的原则体现在社会的各个方面，包括教育、就业、医疗等。民主制度努力消除社会中的歧视和不平等现象，为每个人提供公平的发展机会。

同时，民主制度还通过广泛的公民参与和协商机制，促进社会的和谐与稳定。在民主社会中，政府决策不再是少数人的专利，而是广泛吸纳各方意见和利益的结果。这种参与和协商的过程有助于化解社会矛盾，增进不同社会群体之间的理解和信任。当政府决策能够充分反映民意时，社会的稳定性和凝聚力也会得到增强。

第二节　民主机制及其表现形式

民主的发展有其历史进程，在各民族追求进步的历史进程中，民主的体制机制逐渐得到完善和发展。由于不同的民主制度依据的理论基础、逻辑演变和面临的历史任务不同，其发展呈现出不同的内涵。

一、民主机制的特征与构成

（一）民主的机制性和程序性

民主的实现，依赖于一整套完善的机制和程序的运作。在这一系列复杂的制度与流程中，选举制度无疑占据了核心地位，以至于有学者认为选举是民主的核心要素，甚至将是否存在竞争性的选举作为判断一种制度是否迈入民主门槛的最低标准。这种观点虽有其合理性，但将民主等同于选举则显得过于片面。选举，作为民主运行的重要环节，确实扮演着举足轻重的角色，但它仅仅是民主机制中的一个组成部分，而非民主的全部。无论选举制度设计得多么复杂周密，它都无法改变民主的本质属性。

在资本主义民主的确立过程中，选举制度发挥了关键作用。资产阶级通过选举，不仅能够选拔出本阶级中的优秀人才担任领袖和管理者，还能有效避免政权更迭时发生暴力革命，从而维护社会稳定。在资产阶级民主得以巩固之后，他们更是大力宣扬选举的作用，甚至将民主与选举等同起来，主张通过选举进行社会改良，以此来麻痹工人阶级，防止其发动暴力革命。因此，可以说有产阶级是通过普选制来实现其统治的。

然而，无产阶级在为自己的利益进行斗争时，同样可以利用选举这一机制。通过选举，无产阶级可以组织起来，选举出自己的代表，以更好地维护自身利益。但在资产阶级统治的秩序下，无产阶级仅仅通过普选是无法实现自身解放的。恩格斯曾指出："普选制是衡量工人阶级成熟性的标尺。在现今的国家里，普选制不能而且永远不会提供更多的东西。"这表明，在资本主义制度下，普选制虽然为无产阶级提供了一定的政治参与渠道，但其作用是有限的，无法从根本上改变无产阶级的受压迫地位。

马克思也对选举的性质进行了深刻剖析。他认为，选举的性质并不取决于其名称，而是取决于经济基础及选民之间的经济联系。他高度赞扬了巴黎公社的选举制度，称公社的"普遍选举权不是为了每三年或六年决定一次由统治阶级中什么人在议会里当人民的假代表，而是为了服务于组织在公社里的人民"。这表明，真正的民主选举应该服务于人民，而不是成为统治阶级操纵的工具。

作为广大人民当家做主的民主，其本质不仅是一整套机制和程序，更是一种国家政治制度。只有从国家制度层面进行深入分析，才能揭示民主的真实面貌，看清哪些阶级、集团真正享有民主权利。也只有从这个意义上，才能理解马克思、列宁所说的民主会随着国家的消亡而消亡的思想。民主作为一种国家政治制度，是随着历史的发展而不断演变的。人们在创造历史的过程中，总是在继承前人成果的基础上进行创新。因此，一个国家建立怎样的民主制度及如何建立这一制度，都必须与该国的历史文化发展相适应。

民主在具体的政治制度上并没有一个固定的模式可供遵循。不同的民族和国家由于其历史文化、社会条件等因素的差异，其民主制度的具体形式和实现方式也会有所不同。判断一个民主制度是否优越，主要看它是否促进了该国社会生产力的持续增长、是否推动了社会进步和人民生活水平的提高及公民的权利是否得到了切实保障。因此，在建立民主制度时，必须充分考虑各国民族或国家的历史文化特点和社会实际情况，以确保民主制度能够真正发挥其应有的作用。

（二）民主机制的构成系统

民主机制的构成是一个复杂而精细的系统，它涵盖了选举制度、决策机制及监督机制等多个重要环节。这些环节相互关联、相互作用，共同构成了民主机制的完整框架。

1. 选举制度：直接选举与间接选举

选举制度是民主机制的核心组成部分，它为人民提供了选择自己政治代表的途径。在选举制度中，直接选举与间接选举是两种基本的选举方式，它们在不同的政治环境中发挥着各自的作用。

直接选举，顾名思义，就是由选民直接投票选举产生政治代表或领导人的方式。这种方式能够最直接地反映选民的意愿和诉求，因为选民可以直接选择他们认为能够代表自己利益的人。直接选举的优点在于它能够增强选民的参与感和归属感，使选民更加关注政治过程，并促进政治代表与选民之间的紧密联系。然而，直接选举也可能面临一些问题，如选民对候选人的了解有限、选举过程中的信息不对称等，这些问题可能影响选举结果的公正性和准确性。

间接选举则是由选民先选举出代表或议员，再由这些代表或议员选举产生更高层次的政治领导人的方式。这种方式在选民数量庞大或地域辽阔的国家中更为常见。间接选举的优点在于它能够减轻选民的投票负担，提高选举的效率，并能够在一定程度上过滤掉一些不适合担任高层政治职务的候选人。然而，间接选举也可能导致选民与最终产生的政治领导人之间的距离感增加，降低选民的参与感和归属感。

在实际政治实践中，直接选举和间接选举往往并不是孤立存在的，而是相互结合、相互补充的。许多国家都采用了直接选举和间接选举相结合的选举制度，以充分利用两种选举方式的优点，并尽量避免其缺点。

2. 决策机制：多数决与协商民主

决策机制是民主机制中另一个至关重要的环节。在民主社会中，决策过程必须遵循公平、公正和透明的原则，以确保所有公民的利益都能得到充分考虑。多数决和协商民主是两种常见的决策机制，它们在民主决策中发挥着各自的作用。

多数决是一种基于投票结果的决策机制。在这种机制下，一项政策或提案只有获得多数选民的支持才能得以通过和实施。多数决的优点在于它能够确保决策结果具有一定的代表性和公正性，因为多数人的意见往往被认为是更符合整体利益的。然而，多数决也可能导致一些问题，如忽视少数人的意见和利益、加剧社会分裂和冲突等。

协商民主则是一种更加注重对话和协商的决策机制。在这种机制下，政治代表和公民之间会进行广泛的对话和协商，以寻求共识和妥协。协商民主的优点在于它能够促进政治代表和公民之间的沟通和理解，增强政治的包容性和稳定性。同时，协商民主还能够更好地考虑少数人的意见和利益，避免社会分裂和冲突的发生。然而，协商民主也可能面临一些挑战，如协商过程中的信息不对称、协商结果的执行力等。

在实际政治实践中，多数决和协商民主往往并不是孤立存在的，而是相互结合、相互补充的。许多国家都采用了多数决和协商民主相结合的决策机制，以充分利用两种决策方式的优点，并尽量避免其缺点。这种结合方式既能够确保决策结果具有一定的代表性和公正性，又能够充分考虑少数人的意见和利益，促进社会的和谐与稳定。

3. 监督机制：议会监督与公民监督

监督机制是民主机制中不可或缺的一环。在民主社会中，监督机制的存在能够确保政治权力的合法性和正当性，防止政治腐败和滥用权力的行为发生。议会监督和公民监督是两种基本的监督机制，它们在民主监督中发挥着各自的作用。

议会监督是一种由议会机构对政治权力进行监督的方式。在议会监督下，议会机构有权对政府的行为和政策进行审查、质询和批评。如果政府的行为或政策违反了法律或议会的规定，议会机构可以采取相应的措施进行纠正或制裁。议会监督的优点在于它能够确保政府的行为和政策符合法律和议会的规定，维护政治的合法性和正当性。同时，议会监督还能够促进政府与政治代表之间的沟通和协商，增强政治的包容性和稳定性。

公民监督则是一种由公民个体或公民组织对政治权力进行监督的方式。在公民监督下，公民有权对政府的行为和政策进行关注、评论和批评。如果政府的行为或政策损害了公民的利益或违反了公民的权利，公民可以采取相应的行动进行抗议或申诉。公民监督的优点在于它能够确保政府的行为和政策符合公民的利益和权利要求，维护政治的公正性和透明度。同时，公民监督还能够促进政府与公民之间的互动和信任，增强政治的合法性和有效性。

在实际政治实践中，议会监督和公民监督往往并不是孤立存在的，而是相互结合、相互补充的。许多国家都采用了议会监督和公民监督相结合的监督机制，以充分利用两种监督方式的优点，并尽量避免其缺点。这种结合方式既能够确保政府的行为和政策符合法律和议会的规定，又能够充分考虑公民的利益和权利要求，促进政治的公正、透明和有效。

二、不同国家民主的表现形式

不同国家民主的表现形式，根植于其经济基础、社会结构和历史文化之中，展现出多样化的特点。西方民主，作为一种以私有财产保护为前提的民主形态，其核心理念在于维护个人自由与财产权。这一理念在资产阶级反对封建专制的过程中得以形成和发展，体现了对个体权益的深切关注。然而，当资产阶级取得政权后，私有财产神圣不可侵犯的原则，在一定程度上成为维护资产阶级自身利益的工具，而非普遍的社会福祉。相比之下，社会主义民主则建立在公有制的基础之上，致力于消除由财产占有不平等带来的民主权利不平等现象，从而真正实现广泛的民主参与和平等权利。

西方民主的实现与市场经济的运作紧密相连，强调个人在经济竞争中的自由与资本的自由流动，国家则扮演着保护这种自由的角色。这一模式在资本主义初期，有效地推动了经济发展和政治进步，为个人追求利益提供了政治保障。然而，随着社会主义实践的发展，市场经济并非与社会主义民主相悖，而是在坚持社会主义方向的前提下，通过民主机制保证其高效运行，克服市场缺陷，实现经济的持续健康发展。这体现了社会主义民主在适应现代经济体系方面的灵活性和创新性。

西方民主的另一基石是自由主义，它强调个体本位，将个人自由和权利作为民主政治的出发点，主张限制政府权力，倡导宪政与法治。这种民主价值在实现个人利益的过程中得以体现，但也存在极端个人主义的风险。相对而言，社会主义民主则建立在集体主义的基础之上，强调个人利益与集体利益的和谐统一，通过民主集中制的原则，既防止独裁专制，又避免无政府主义的倾向，从而确保民主价值的广泛实现和人民当家做主的地位。

在民主理论的基础方面，西方民主往往追溯至社会契约论，认为国家是个人通过契约自愿让渡权利而形成的。这一理论在资产阶级取得和巩固政治统治的过程中发挥了重要作用。然而，随着无产阶级的崛起和马克思主义的传播，西方民主理论开始回避国家的起源、性质和政治制度的本质问题，将民主仅仅视为一种管理方式和程序，淡化了其阶级性。相比之下，马克思主义认为国家是阶级统治的工具，民主只是国家的一种形式，无产阶级民主则代表了广大劳动人民的利益，旨在实现真正的、普遍的民主，并最终指向国家的消亡和人类的自由全面发展。

三、民主表现形式的多元探索

民主作为一种政治理念和实践，其表现形式多种多样，每种形式都承载着民主的核心价值，即人民的参与和决策。其中，代议制民主、直接民主及混合式民主是三种主要的表现形式，它们在不同的政治环境和社会背景下展现出独特的魅力和优势。

（一）代议制民主：议会制度与政党制度的协同作用

代议制民主作为现代国家广泛采用的民主形式，其核心理念在于通过定期的选举产生代表，并由这些代表在议会等政治机构中代表民众行使决策权。“代议制民主具有两种基本的效能：一是民意代表性；二是统治的有效性。”[①] 这一制度设计旨在确保政策的制定能够反映广大民众的意愿和利益，同时保证政治决策过程的合法性和公正性。在这一框架下，议会制度与政党制度的协同作用显得尤为重要，它们共同构成了代议制民主稳健运行的基石。

议会制度作为代议制民主的核心机构，承担着将民众意愿转化为具体政策的重要职责。议会不仅是一个政治决策的场所，更是一个民众参与政治、表达自身意愿的重要平台。在议会内部，议员们通过充分的辩论、协商和投票等程序，就国家面临的重大事务进行深入的讨论和决策。这一过程不仅确保了政策的合法性和公正性，也使得政策能够广泛吸纳各方的意见和建议，从而更加符合民众的实际需求。此外，议会还承担着监督政府行为、维护宪法权威等重要职能，为代议制民主的稳定运行提供了坚实的制度保障。

政党制度则是代议制民主不可或缺的补充和完善。政党作为特定的政治组织，代表着不同社会群体的利益和需求，是民众参与政治生活的重要渠道。在选举过程中，政党通过推出具有广泛代表性的候选人、制定明确的政纲和开展积极的竞选活动，努力争取民众的支持和信任。这种竞争机制不仅丰富了政治生活的内容，也为民众提供了多样化的政治选择和参与途径。一旦政党在选举中获得胜利，其代表就能在议会中占据多数席位，从而主导政策的制定和实施过程。这种政党之间的竞争和合作机制不仅提高了政治的活力和效率，也使得政策能够更加准确地反映民众的意愿和利益。

议会制度与政党制度的协同作用，使得代议制民主在实践中展现出强大的生命力和独特的优势。议会作为民主决策的中心，通过充分的辩论和协商过程，确保了政策的合法性和公正性；而政党作为民主竞争的主体，通过推出候选人和制

① 李济时．英国选举制度与代议制民主的效能分析——以民意代表性和统治有效性为视角［J］．当代世界与社会主义，2006（6）：62-66.

定政纲等方式，为民众提供了多样化的政治选择和参与途径。这种形式的民主既保证了政治的稳定性和连续性，避免了政治决策的随意性和短视性，又充分体现了民众的意愿和利益，增强了政治的民主性和代表性。

在具体实践中，议会制度与政党制度的协同作用还体现在多个方面。例如在政策制定过程中，议会为各政党提供了一个平等协商的平台，使得不同社会群体的利益和需求能够得到充分的表达和平衡。各政党在议会中的代表通过提案、质询和辩论等方式，积极参与政策的制定和修改过程，努力推动符合本党理念和民众利益的政策得以实施。同时，政党之间的竞争也促使各政党不断创新和完善自身的政策主张，以争取更多的民众支持和信任。这种竞争机制不仅提高了政治的效率和质量，也使得政策能够更加灵活地适应社会环境的变化和民众需求的多样性。

此外，议会制度与政党制度的协同作用还体现在对政治权力的监督和制约上。议会作为民主监督的重要机构，通过对政府行为的监督和审查，确保政府能够依法行政、廉洁奉公。各政党在议会中的代表积极履行监督职责，对政府的不当行为提出质询和批评，维护了政治的公正性和廉洁性。同时，政党之间的竞争也促使各政党更加注重自身的形象和声誉，努力避免腐败和违法行为的发生，从而维护了政治的稳定性和民众的信任。

（二）直接民主：公民大会与社区治理的生动实践

直接民主作为一种重要的民主形式，其核心理念在于民众能够直接参与政治决策过程，从而确保政策的民主性和公正性。这一制度设计旨在打破传统代议制民主中民众与政治决策之间的隔阂，使每一个公民都能在政治生活中发挥积极作用。在这一框架下，公民大会与社区治理成为直接民主生动实践的典型代表，它们共同展示了直接民主在实际运行中的独特魅力和潜在价值。

公民大会作为直接民主的经典模式，其本质在于允许所有公民聚集一堂，就国家面临的重大事务进行直接的讨论和决策。在这一过程中，每个公民都享有平等的发言权和决策权，无论其社会地位、财富状况或教育背景如何。这种高度的参与性和平等性确保了政策的制定能够充分反映广大民众的意愿和利益，避免了权力被少数精英所垄断的风险。公民大会的实践不仅增强了民众的民主意识和政治责任感，也使得政策的制定更加贴近民众的实际需求和生活经验，从而提高了政策的合法性和有效性。

除了公民大会这一宏观层面的实践，社区治理也是直接民主在微观层面的重要体现。在社区这一更为贴近民众生活的领域，居民们通过参与社区会议、制定社区规则和积极参与社区事务等方式，直接行使自己的民主权利。这种形式的民主不仅增强了居民的归属感和责任感，使他们更加关注社区的发展和福祉，也促进了社区内部的和谐与稳定。通过直接参与社区治理，居民们能够更直接地表达自己的意愿和利益，从而确保社区政策的公正性和有效性。同时，社区治理的实践也为培养民众的民主意识和政治技能提供了重要的平台，为更广泛层面的民主参与打下了坚实的基础。

直接民主的优势在于其高度的参与性和民主性。通过直接参与政治决策过程，民众能够更直接地表达自己的意愿和利益，从而确保政策的公正性和有效性。这种形式的民主不仅增强了民众的政治责任感和归属感，也使得政策的制定更加贴近民众的实际需求和生活经验。然而，直接民主也面临着一些挑战和限制。其中最为突出的是决策效率问题。由于直接民主要求所有公民都参与决策过程，这往往导致决策过程冗长而复杂，难以迅速应对紧急或突发情况。此外，民众参与意愿和能力的差异也是直接民主面临的重要挑战。在实际运行中，由于教育背景、政治意识和社会地位等因素的差异，不同公民在参与政治决策时的能力和意愿往往存在显著差异，这可能导致政策制定过程中的不平等和偏见。

为了克服这些挑战和限制，直接民主往往需要与其他民主形式相结合，以形成更为完善和有效的民主机制。例如在实践中，可以将直接民主与代议制民主结合起来，通过选举产生代表来行使部分决策权，以提高决策效率并应对紧急情况。同时，也可以通过教育和培训等方式增强民众的政治意识和参与能力，使他们更好地适应直接民主的要求和挑战。这种结合不同民主形式的做法不仅有助于充分发挥各种民主形式的优势，也能有效弥补彼此的不足和缺陷。

（三）混合式民主：代议制与直接民主的有机结合

混合式民主作为一种新兴的民主形式，其核心在于将代议制民主与直接民主进行有机结合，旨在创造一种更为全面、灵活且有效的政治决策机制。这一民主形式的设计初衷，是为了在保留代议制民主所带来的政治稳定性和决策效率的同时，充分吸纳直接民主所强调的民众参与性和政策的民主性。混合式民主的实践探索，展现了其在适应不同政治环境和社会背景方面的强大潜力，为丰富现代政治生活、拓宽民众政治参与渠道提供了重要的思路。

在混合式民主的框架下，民众的政治参与呈现出多元化的特点。一方面，他们可以通过定期的选举活动，选举出代表自己利益的议会成员和政府机构，由这些代表在政治决策机构中行使决策权。这一机制确保了政治决策的稳定性和连续性，避免了因频繁的直接民主决策导致的政治动荡和决策效率低下。另一方面，民众也可以直接参与到政治决策的过程中，通过公民大会、社区治理、公共咨询等多种形式，就关乎自身利益的重大事务发表意见、参与讨论，甚至直接进行决策。这种直接参与的方式极大地增强了民众的民主意识和政治责任感，也使得政策的制定更加贴近民众的实际需求和生活经验。

混合式民主的优势，在于其能够根据具体的政治环境和社会背景进行灵活的调整和创新。在不同的地区或领域，政治、经济、文化等条件可能存在显著差异，因此，对于民主形式的需求也会有所不同。在某些情况下，代议制民主可能更为适用，因为它能够确保政策的连续性和稳定性，避免因频繁的民众直接参与导致的决策混乱。而在另一些情况下，直接民主可能更为有效，因为它能够更直接地反映民众的意愿和利益，增强政策的民主性和公正性。混合式民主通过巧妙地结合这两种民主形式的优点，形成了一种更为完善、灵活且有效的民主机制。这种机制既能够确保政治的稳定性和效率性，又能够充分吸纳民众的意愿和利益，从而更好地满足民众的需求和利益。

在实践中，混合式民主展现出了强大的生命力和适应性。许多国家都在探索如何将代议制民主与直接民主进行有机结合，以创造更加符合本国国情的民主形式。例如一些国家通过设立公民大会、开展公共咨询、推动社区治理等方式，为民众提供了更多的直接参与政治决策的机会和平台。同时，这些国家也注重完善代议制民主机制，确保选举的公正性和透明度，提高议会和政府机构的决策效率和执行力。这种混合式民主的实践探索，不仅丰富了现代政治生活的内容，也为其他国家提供了有益的借鉴和参考。

此外，混合式民主还有助于培养民众的民主意识和政治技能。通过直接参与政治决策过程，民众能够更加深入地了解民主制度的运作原理和价值理念，增强对政治的认同感和归属感。同时，他们也能够在实践中锻炼自己的政治技能，如辩论、协商、妥协等，为更广泛层面的政治参与打下坚实的基础。这种民主意识和政治技能的培养，对于推动社会的政治进步和民主发展具有重要的意义。

第三节　民主的实现与社会的发展

一、民主实现的条件与路径

民主作为一种政治制度和价值理念，其实现并非一蹴而就的过程，而是需要特定的条件与路径。在这个过程中，经济发展、社会结构及公民素质构成了民主实现的重要基石。

（一）经济发展

经济发展作为民主实现的重要物质条件，其对于政治民主化的推动作用在历史经验中得到了充分的验证。经济繁荣往往与政治民主化的进程相伴相随，这一现象并非偶然，而是有着深刻的内在逻辑。

经济发展为民主提供了必要的物质基础，这是其推动民主实现的首要方式。随着经济的增长，社会成员能够享有相对充裕的生活资源，这使得他们不再仅仅为生计而奔波，而是有了更多的时间和精力去关注和参与政治生活。这种物质基础的奠定，为民主制度的建立和发展提供了可能，因为只有在基本生活得到保障的情况下，人们才有可能去关心和参与更高层次的政治活动。

同时，经济发展也促进了社会结构的多元化和复杂化，这为民主制度的建立提供了更为广泛的社会基础。在经济落后的社会中，社会结构往往相对单一，阶层分化不明显，不利于民主制度的建立和发展。然而，随着经济的发展，社会结构逐渐多元化，不同的社会群体和利益集团开始形成，他们都有着自己的政治诉求和利益表达需求。这种多元化的社会结构为民主制度的建立提供了更为广泛的社会基础，因为民主制度需要不同社会群体之间的协商和妥协，以实现政治决策的科学化和民主化。

此外，经济发展还推动了社会成员之间的经济联系和相互依赖程度的不断加深。在现代社会中，经济活动已经渗透到人们生活的各个方面，社会成员之间的经济联系和相互依赖程度也越来越高。这种经济联系和相互依赖的加深，使得人们更加关注政治决策的过程和结果，因为政治决策往往直接影响着他们的经济利益。因此，经济发展通过推动社会成员之间的经济联系和相互依赖程度的加深，进一步激发了人们参与政治生活的热情和动力。

（二）社会结构

社会结构作为民主实现的重要条件之一，其开放性、多元性与包容性对于民主制度的建立与发展具有不可或缺的作用。一个健康、有活力的社会结构能够为民主制度提供坚实的支撑，促进不同社会群体和利益集团之间的良性互动，为政治稳定和社会进步奠定基石。

在开放、多元、包容的社会结构中，不同的社会群体和利益集团能够充分展现其存在和价值，他们之间的相互竞争和妥协成为推动社会进步的重要动力。这种竞争与妥协的机制有助于形成相对均衡的力量对比，防止某一社会群体或利益集团过度垄断政治权力，从而避免政治权力的过度集中和滥用。在这样的社会环境中，民主制度得以更加稳健地运行，因为政治决策需要经过多方协商和妥协，确保各社会群体的利益得到平衡和尊重。

社会结构的多元化不仅体现在社会群体和利益集团的多样性上，还体现在思想、文化、价值观的多样性上。这种多元化为政治决策提供了丰富的信息和多元的视角，有助于政治决策的多样化和科学化。在多元化的社会结构中，政策制定者需要充分考虑不同社会群体的利益和需求，这使得政策更加符合广大民众的实际利益，更加具有可行性和有效性。同时，多元化的社会结构还能够促进政策的创新和发展，因为不同的社会群体和利益集团会提出不同的政策建议和解决方案，为政策制定者提供更多的选择和参考。

然而，要形成一个开放、多元、包容的社会结构并非易事，它需要打破传统的社会壁垒和等级制度，促进不同社会群体之间的交流和融合。在传统的社会结构中，往往存在着明显的社会壁垒和等级制度，这导致不同社会群体之间的隔阂和矛盾，不利于民主制度的建立和发展。因此，在推动民主实现的过程中，必须注重社会结构的优化和调整，打破这些传统的束缚和障碍。这需要通过一系列的社会改革和政策措施来实现，如推动教育公平、促进就业机会均等、加强社会保障体系建设等。这些措施有助于减少社会不平等和贫困现象，提高社会整体福祉水平，从而为民主制度的建立和发展创造更加有利的社会环境。

同时，促进不同社会群体之间的交流和融合也是优化社会结构的重要方面。在多元化的社会结构中，不同社会群体之间往往存在着一定的差异和矛盾，但这并不意味着他们之间无法形成共识和合作。相反，通过加强不同社会群体之间的交流和融合，可以增进他们之间的理解和信任，促进他们之间的合作和共赢。这可以通过一系列的社会活动和公共政策来实现，如推动社区建设、加强民间组织发展、促进文化多样性等。这些措施有助于打破不同社会群体之间的隔阂和偏见，促进他们之间的良性互动和共同发展。

在推动社会结构优化和调整的过程中，还需要注重法治建设和政治参与机制的完善。法治建设是保障社会公平正义和民主制度运行的重要基石。通过加强法治建设，可以确保不同社会群体的合法权益得到保护，防止政治权力的滥用和腐败现象的发生。同时，完善政治参与机制也是优化社会结构的重要方面。通过拓宽政治参与渠道、提高政治参与水平、加强政治参与保障等措施，可以激发广大民众参与政治生活的热情和积极性，促进民主制度的深入发展和广泛实践。

（三）公民素质

公民素质作为民主实现的基础，其重要性不言而喻。民主制度的建立和发展绝非空中楼阁，而是深深植根于广大民众的土壤之中，需要民众的积极参与和支持作为其生命力之源。民众的参与意识和能力，犹如民主大厦的基石，其稳固与否直接关系到民主制度的稳固与长久。而民众的参与意识和能力，在很大程度上取决于公民素质。

一个具备良好公民素质的民众群体，是民主制度得以健康运行的宝贵财富。他们能够以更加理性的眼光看待政治问题，不被一时的情绪或偏见所左右，从而做出更为明智和负责任的政治选择。这样的民众群体更加积极地参与到政治决策的过程中来，他们深知自己的权利和义务，愿意为公共利益发声，为社会的进步贡献自己的力量。在政治决策的过程中，他们能够充分表达自己的意愿和利益诉求，同时也能够尊重和理解他人的不同观点和立场，展现出一种难能可贵的包容和协商精神。

公民素质的培养和提升，是推动民主实现过程中不可或缺的一环。其中包括加强公民教育，使民众从小就树立起正确的价值观和公民意识，明白自己在社会中的角色和责任。提高公民的政治觉悟和参与能力，也是至关重要的。这需要通过各种途径，如政治培训、公共讲座等，使民众更加熟悉政治运作的规则和程序，增强他们参与政治的信心和能力。同时，培养公民的法治意识和公共精神，也是提升公民素质的重要方面。法治是民主制度的基石，而公共精神则是民主社会得以维系的精神纽带。只有当民众都具备强烈的法治意识和公共精神时，民主制度才能真正得以落地生根。

加强公民教育，是提升公民素质的重要途径。这不仅包括学校教育，更包括社会教育和家庭教育。学校教育应该注重培养学生的公民意识和社会责任感，使他们从小就明白自己是社会的一分子，有责任为社会的进步做出贡献。社会教育则应该通过各种渠道和形式，如社区活动、公益项目等，让民众在实践中学习和体验公民素质的重要性。家庭教育同样不容忽视，父母作为孩子的第一任老师，他们的言传身教对孩子公民素质的形成有着深远的影响。

提高公民的政治觉悟和参与能力，也是提升公民素质的重要一环。这需要政府和社会各界共同努力，为民众提供更多的政治参与机会和平台。同时，也需要加强对民众的政治培训和教育，使他们更加熟悉政治运作的规则和程序，增强他们参与政治的信心和能力。只有这样，民众才能在政治决策的过程中更加积极地发声，为公共利益贡献自己的力量。

培养公民的法治意识和公共精神，是提升公民素质的又一重要方面。法治是民主制度的基石，只有当民众都具备强烈的法治意识时，才能确保社会的公平和正义。因此，政府和社会各界应该加强对民众的法治宣传教育，使民众更加熟悉法律法规的内容和精神，增强他们遵守法律的自觉性和主动性。同时，也应该注重培养民众的公共精神，使他们更加关注公共利益和社会福祉，愿意为社会的进步和发展贡献自己的力量。

二、民主与社会发展的互动

民主与社会发展之间存在着密切而复杂的互动关系。民主不仅作为一种政治制度存在，更是一种社会价值和社会运行方式，它对社会经济、社会稳定与和谐及文化多样性与创新都产生着深远的影响。

（一）民主对社会经济发展的推动作用

民主对社会经济发展的推动作用是一个广受关注且深入研究的议题。民主制度通过其独特的政治决策机制和社会参与模式，为经济活动创造了一个稳定、可预测且富有活力的环境，从而显著推动了社会经济的整体发展。

民主制度的核心在于确保政治决策的公正性和透明度。这一特性为经济活动提供了一个稳定和可预测的环境，是民主制度推动经济发展的重要机制之一。在民主制度下，政治决策的形成需要经过广泛的讨论和公开的审议，这大大降低了政策的不确定性和随意性。企业和个人在做出经济决策时，能够基于相对明确的政策预期来规划长期投资和生产活动，从而降低了经济活动的交易成本和不确定性。这种稳定的经济环境为企业的持续发展和创新提供了有力保障，进一步促进了经济增长和繁荣。

民主制度还倾向于维护市场经济秩序，保护产权和合同权益。在民主制度下，政府政策更加注重维护公平竞争的市场环境，打击不正当竞争和垄断行为，保护企业和个人的产权和合同权益不受侵犯。这种政策导向为市场经济活动提供了坚实的法律保障，增强了市场参与者的信心和投资意愿。当企业和个人相信他们的产权和合同权益能够得到有效保护时，他们更愿意投入资源进行生产和创新，这进一步推动了经济的增长和发展。

除了提供稳定的经济环境外，民主制度还通过提供公平的政治参与机会，确保了不同社会群体在经济活动中的平等地位。在民主制度下，每个社会成员都有机会参与到政治决策的过程中，表达自己的利益诉求和观点。这种广泛的政治参与有助于减少社会不公和贫富差距，使得不同社会群体都能够平等地参与到经济活动中来。当弱势群体能够通过政治参与获得更多的话语权和资源分配时，他们的经济状况和生活水平有望得到改善，这进一步推动了经济的可持续发展。

民主制度下的政策制定过程更加注重广泛的社会参与和协商。这一特点使得政策更加符合社会整体利益，有助于实现经济资源的优化配置和高效利用。在民主制度下，政府需要充分听取各方意见，进行广泛的协商和妥协，以形成符合社会整体利益的政策。这种政策制定过程虽然可能增加了一定的时间成本，但却能够确保政策更加贴近实际、更加具有可行性和可持续性。同时，广泛的社会参与和协商还能够增强政策的公信力和执行力，使得政策在实施过程中能够得到更多社会成员的支持和配合，从而实现经济资源的高效利用和优化配置。

此外，民主制度还有助于培养公民的创新精神和企业家精神。在民主制度下，言论自由和思想自由得到充分保障，这使得人们能够更加自由地表达自己的观点和想法。这种自由表达的环境为创新精神的培育提供了土壤。同时，民主制度下的公平竞争环境也激发了人们的创新动力。在公平竞争的环境下，创新者能够通过自己的努力获得应有的回报，这种回报机制进一步激发了人们的创新热情和企业家精神。这种创新精神和企业家精神的蓬勃发展为经济注入了源源不断的活力，推动了经济的持续增长和繁荣。

（二）民主对社会稳定与和谐的贡献

民主对社会稳定与和谐的贡献是一个多维度、深层次的话题，其核心在于民主制度通过包容性的政治参与和多元化的利益表达机制，有效缓解了社会矛盾与冲突，进而促进了社会的整体稳定与和谐。这一贡献不仅体现在理论层面，更在实践中得到了广泛验证。

民主制度为不同社会群体和利益集团提供了通过合法途径表达自身诉求和利益的机会，使他们能够直接参与到政治决策过程中。这种广泛的政治参与机制是民主社会的一大特色，它确保了社会各阶层的意见和利益都能得到充分考虑和体现。通过政治参与，弱势群体和少数群体也有了发声的机会，他们的利益诉求不再被忽视或边缘化。这种包容性的政治参与机制有助于减少社会不满和抗议情绪，因为当人们的意见和利益得到尊重和体现时，他们更有可能对政治体系和社会制度产生认同感和归属感，从而增强了社会的凝聚力和稳定性。

与此同时，民主制度还通过促进法治和公正来维护社会秩序和公共安全。在民主社会中，法律是公正、透明且普遍适用的，它为社会成员提供了一个公平竞争的舞台。政治权力在民主制度下受到严格的制约和监督，这有效防止了政治腐败和滥用权力现象的发生。当政治权力被滥用时，民主制度提供了纠错机制，如弹劾、罢免等，以确保政治领导者对公众负责并遵守法律。这种对政治权力的制约和监督不仅维护了法律的尊严和权威，也保护了社会成员的基本权利和利益不受侵犯。在法治的保障下，社会秩序得以维护，公共安全得到保障，人们能够在和平、稳定的环境中生活和工作。

民主制度还有助于培养公民意识和公民精神。在民主社会中，公民被赋予了一定的政治权利和自由，他们不仅有权表达自己的意见和诉求，也有责任参与到政治和社会事务中。这种公民意识和公民精神的培养对于社会的稳定与和谐具有重要意义。当公民意识到自己的权利和责任时，他们更有可能积极参与到社区建设、公共服务等社会事务中，从而形成一种积极向上的社会氛围。同时，公民意识和公民精神的培养还有助于增强社会的道德约束力和自我调节能力，使得社会成员在面对矛盾和冲突时能够采取更加理性、和平的方式进行处理。

此外，民主制度还通过促进经济发展和社会进步来增强社会的稳定与和谐。在民主社会中，政府政策更加注重维护市场经济秩序和公平竞争环境，这为经济的持续发展提供了有力保障。同时，民主制度还鼓励创新和企业家精神，为经济增长注入了源源不断的活力。随着经济的繁荣和社会的发展，人们的生活水平得到提高，社会福祉得到增进，这进一步增强了社会的稳定与和谐。因为当人们的经济利益得到满足时，他们更有可能对政治体系和社会制度产生认同感和满意感，从而形成一种积极向上的社会心态。

（三）民主对文化多样性与创新的促进

民主对文化多样性与创新的促进作用是一个深刻且多维的话题，其核心在于民主制度为不同文化群体提供了权益保护和表达自由，进而为文化的多样性和创新创造了广阔的空间。这一促进作用不仅体现在文化层面的丰富性与活力上，更深刻地影响了社会的整体发展与进步。

民主制度尊重和保护不同文化群体的权益和表达方式，这是文化多样性和创新得以存在和发展的基础。在民主社会中，每一种文化都被视为独特的遗产和价值体系，不同文化群体都有机会在社会中展示自己的文化传统和价值观。这种对文化多样性的尊重和包容，不仅丰富了社会的精神生活，还为不同文化之间的交流和融合提供了可能。当不同文化群体能够平等地参与社会文化的塑造和发展时，文化的碰撞与交融便成为推动创新的重要力量。这种文化的多样性和包容性，使得社会能够不断吸纳和融合各种文化元素，从而创造出更加丰富和多元的文化景观。

文化的多样性和包容性不仅丰富了社会的精神生活，还促进了文化的创新和发展。在民主社会中，不同文化之间的交流和融合是常态，这种交流不仅加深了人们对不同文化的理解和认识，还为文化的创新提供了丰富的素材和灵感。当不同文化元素相互碰撞和交融时，新的文化形态和表达方式往往应运而生。这种文化的创新不仅体现在艺术、文学等传统文化领域，还广泛渗透到社会生活的各个方面，如时尚、设计、科技等。文化的创新不仅给社会带来了新的审美体验和精神享受，还成为推动社会进步和发展的重要动力。

民主制度还通过鼓励公民自由思考和表达意见，激发了社会的创造力和创新精神。在民主社会中，公民享有广泛的言论自由和思想自由，他们可以自由地探讨和尝试新的思想观念和文化形式。这种自由思考和表达的环境为社会的文化创新和发展提供了源源不断的动力。当公民能够自由地表达自己的观点和想法时，社会的思想库便得以不断丰富和更新。新的思想观念和文化形式在这种自由的环境中得以孕育和成长，进而推动社会的整体进步和发展。

此外，民主制度下的教育体系和公共文化政策也为文化的多样性和创新提供了有力支持。民主社会注重教育公平和文化普及，确保每个公民都能获得丰富的文化资源和教育机会。这种教育体系和公共文化政策不仅培养了公民的文化素养和审美能力，还为文化的传承和创新提供了坚实的基础。当公民具备足够的文化素养和审美能力时，他们便能够更好地欣赏和理解不同文化，进而参与到文化的传承和创新中来。

民主制度还通过促进国际文化交流与合作，进一步推动了文化的多样性和创新。在民主社会中，政府和社会组织积极促进与其他国家的文化交流与合作，这不仅有助于增进不同文化之间的了解和友谊，还为文化的国际传播和创新提供了广阔的平台。国际文化交流与合作使得本国文化能够走向世界，吸收和借鉴其他文化的优点和长处，进而实现文化的自我更新和创新。

第二章　人民民主的相关理论

第一节　马克思主义民主理论

一、马克思主义的无产阶级民主思想

马克思主义的无产阶级民主思想，包括民主共和国思想、议行合一思想等。它以生产资料的公有制为经济基础，以无产阶级及其他广大劳动人民为统治阶级和政治基础，以社会绝大多数人——无产阶级和其他劳动人民对国家政权的掌握、参与和管理为内容，以国家自行消亡为发展方向，以消灭阶级统治为最终目的。这一思想指导无产阶级在革命过程中及革命胜利后，创建一种根本区别于资产阶级国家形式的新型的国家形式，创建一种根本区别于资产阶级民主的新的更高类型的民主，并且利用这种新型的国家形式和新型的民主，去创造经济、政治、文化和社会的各种条件，使人类社会在未来的发展中逐步过渡到一个没有私有制、没有阶级、没有国家，从而使国家政治制度意义上的民主彻底消亡的共产主义社会。

（一）无产阶级民主的形式："共和国"

无产阶级民主的形式，以"共和国"作为其基本架构，体现出对广大劳动人民权利的尊重和保障。在这一形式中，国家政权的组织和运作方式具有鲜明的民主特征，旨在最大限度地体现人民的意志和利益。"共和国"的概念不仅局限于国家的名称和形式，更在于其实质性的民主内涵和实践价值。

在无产阶级民主的"共和国"中，国家权力的源泉和合法性来自人民的授权。通过普选产生的各级代表组成国家权力机构，负责制定和执行国家政策，确保国家权力真正服务于人民的利益。这一形式强调人民主权的原则，人民通过选

举直接参与国家政治生活，监督和制约政府的行为，以防止权力的滥用和腐败的滋生。

"共和国"形式下的无产阶级民主强调国家权力的分工与合作。立法、行政和司法三大权力相互独立又相互制衡，确保国家权力在各个层面上均能公正、高效地运作。立法机关由人民选举产生，负责制定体现人民意志的法律；行政机关执行立法机关的决策，负责国家政策的具体实施；司法机关独立行使审判权，保障法律的公平实施和公民的合法权益。这种权力分工与合作机制，有助于避免权力的集中和独裁的产生，维护社会的公正与稳定。

在无产阶级民主的"共和国"中，经济民主是其重要组成部分。国家通过公有制和计划经济的形式，实现对生产资料的公有，确保经济资源的公平分配和社会财富的共同分享。经济政策的制定和实施以满足广大人民的基本生活需求和提高人民生活质量为目标，通过合理的资源配置和科学的经济管理，推动社会经济的全面发展。这一经济民主的形式不仅保障了劳动人民的经济权益，也为实现政治民主和社会公正提供了物质基础。

无产阶级民主的"共和国"特别重视社会民主的发展。在这一框架内，国家通过立法和政策手段，推动社会各领域的民主化进程，促进社会各阶层的平等与合作。教育、医疗、文化等公共服务领域的广泛民主参与，有助于提高公共服务的质量和效率，增强社会成员的主人翁意识和社会责任感。社会民主的发展既是政治民主和经济民主的重要补充，也是实现社会全面进步和人的全面发展的必由之路。

在无产阶级民主的"共和国"中，还重视基层民主的主体地位。各级基层组织，如社区委员会、工会组织、农民合作社等，成为国家政权的重要组成部分，直接参与地方事务的管理和决策。基层民主不仅有助于增强人民的政治参与意识和能力，也为国家民主制度的稳固和发展提供了坚实的基础。通过基层民主的广泛实践，人民不仅成为国家政治生活的积极参与者，也成为国家发展的建设者和推动者。

（二）无产阶级专政的本质：无产阶级民主

无产阶级专政本质上是一种无产阶级民主，其核心在于无产阶级民主的阶级性。无产阶级的“争得民主”意味着推翻资产阶级的统治，从而实现自身作为统治阶级的上升。无产阶级在资产阶级共和国内无法改变其受压迫和剥削的境遇。经济上，无产阶级在资产阶级的剥削下难以改善其生活状况；政治上，无产阶级在资产阶级的压迫下无法享有真正的民主。唯一的出路在于推翻资产阶级，建立工人阶级的专政。这一政权不仅代表无产阶级和其他劳动人民的利益，占社会绝大多数人的利益，也必然对资产阶级实施专政。

无产阶级在争取民主的过程中，其目标不仅在于推翻资产阶级的统治，更在于实现自身作为新的统治阶级的上升。这一过程不仅是政治权力的转移，更是社会经济结构的深刻变革。

在资产阶级共和体制内，无产阶级的地位难以根本改变。资产阶级利用其经济优势，通过剥削劳动力获取利润，从而巩固其在经济和政治上的统治地位。在这种体制下，无产阶级不仅在经济上难以改善其受剥削的状况，在政治上更是难以享有真正的民主权利。资产阶级的民主，尽管表面上强调普遍选举和公民权利，但实际上是服务于少数资产阶级利益的制度安排。在这种民主制度下，无产阶级的声音和利益往往被边缘化，甚至压制。

为了实现真正的民主，无产阶级必须推翻资产阶级的统治，建立自己的政权。这种政权不仅代表无产阶级的利益，也代表所有劳动人民的利益。无产阶级通过建立自己的政权，能够逐步夺取资产阶级的全部资本，将所有生产资料集中在无产阶级手中。通过这种方式，无产阶级能够实现对社会生产和资源的控制，从而在经济上实现自主和解放。这种新的政权形式不仅在经济基础上实现了无产阶级的统治，同时在政治上也体现了真正的民主。

无产阶级的民主，是广大劳动人民的民主，是建立在多数人利益基础上的民主。这种民主制度彻底否定了资产阶级的剥削和压迫，为广大劳动人民提供了真正的政治参与和决策权。无产阶级通过这一政权，不仅能够实现自身的解放，也能够推动整个社会的进步。在这种新的社会制度下，劳动人民能够通过民主的方式，管理和控制社会事务，真正实现人民当家做主。无产阶级通过集体的力量，能够有效地组织和管理社会生产，实现资源的合理分配，推动社会生产力的发展。这种以劳动人民为主体的社会制度，能够最大限度地激发社会成员的创造力和积极性，从而实现社会的全面发展和进步。

无产阶级的民主不仅是一种政治制度，更是一种社会理想。这种理想建立在对人类社会发展规律的深刻理解基础上，体现了无产阶级对自由、平等、正义的追求。在这种理想的指引下，无产阶级通过自身的努力和斗争，能够实现对社会历史的主动掌握和控制，推动社会的进步和发展。在无产阶级专政的实践中，劳动人民通过广泛的民主参与和政治教育，能够不断提高自身的政治觉悟和能力。这种广泛的民主参与不仅能够确保政策和决策的科学性和合理性，也能够增强社会的凝聚力和向心力。在这种制度下，劳动人民不仅是社会发展的受益者，也是社会发展的推动者和建设者。

无产阶级专政的实现，是一个长期的、复杂的历史过程。在这个过程中，无产阶级需要不断总结经验，吸取教训，完善自身的理论和实践。通过不断探索和创新，无产阶级能够找到适合自身发展的道路，实现对社会的全面控制和管理。无产阶级专政的实现不仅能够推动社会的进步和发展，也能够实现人类社会的全面解放。在这种新的社会制度下，人类社会能够实现真正的自由、平等和正义，推动人类文明的发展和进步。无产阶级通过自身的努力和斗争，能够实现对社会历史的主动掌握和控制，推动社会的进步和发展，实现人类社会的全面解放和幸福。

无产阶级专政的实现，是人类社会发展进程中的重要一步。在这个过程中，无产阶级通过自身的努力和斗争，能够实现对社会的全面控制和管理，推动社会的进步和发展。通过不断探索和创新，无产阶级能够找到适合自身发展的道路，实现对社会的全面控制和管理，推动社会的进步和发展，实现人类社会的全面解放和幸福。

二、马克思的未来社会民主思想

“马克思和恩格斯在19世纪资本主义生产力迅速发展的背景下，深刻揭示共同富裕的实现以充分发展的物质生产力为现实基础、以社会主义制度为前提保障，以满足人民物质和精神的双重富裕为主要内容。共同富裕是社会主义的本质要求，是社会主义公有制下生产方式与分配方式的有机结合，即共同劳动、公平分配、充分享有。"[①] 马克思认为在共产主义社会，生产力高度发达、生产资料社会公有、物质资料极度丰富的阶段，个人自由而全面发展。这时，国家消亡，民主的政治性消亡，社会由每个全面发展的个人自我管理，真正民主制实现了。马克思对未来共产主义社会真正民主制的展望，包含着丰富的内容，成为马克思民主思想体系的重要组成部分。

（一）"真正的民主制"实现的前提条件

真正民主制的共产主义社会的实现有其前提条件，那就是必须彻底废除私有制，建立无产阶级专政这种"新的国家制度"。

第一，资产阶级政治统治的终结。资产阶级政治统治的终结意味着阶级和阶级统治的消失，从而也导致政治意义上的国家不再存在。这一观点强调，社会管理机构将失去其政治性质。马克思认为，民主问题并非政治问题，而是经济问题。因为在一个存在尖锐阶级对抗和私有制的社会中，不可能在政治领域建立起多数人的民主，经济不平等必然导致政治不平等。因此，马克思和恩格斯在致力于建立真正的民主制度时，首先强调必须推翻私有制，彻底消灭人剥削人、人压迫人的社会制度。这是全面实现人民民主的最根本基础，缺乏这一基础，民主只是一句空话。

在资本主义生产关系的制约下，资产阶级国家只代表资产阶级的特殊利益，而不代表一般民众的利益。现代历史中，国家的意志由市民社会不断变化的需要、某个阶级的优势地位及生产力和交换关系的发展决定。由于资本主义社会的政治权威受到极少数人手中资本的限制，生产力的发展极其有限，无产阶级被资本剥削和奴役，无法实现真正的民主。马克思指出，人际关系和社会关系决定于源于生产实践的经济关系。在资本主义社会中，基本的社会关系表现为资本所有者和劳动力出卖者之间的阶级关系，这种阶级关系以剥削与被剥削为根本特征。

在这种背景下，资产阶级国家无法摆脱市民社会的权力关系，不可能只作为公共权力或普遍利益的代表为广大人民服务。特别是在面临利益冲突时，国家不

---

① 黄荷. 马克思主义的共同富裕思想及其当代意义 [J]. 马克思主义哲学研究，2024，33（1）：321.

是起普遍利益的解放者、保护者或仲裁者的作用，而是被市民社会的利益束缚住了。要达到全社会的民主、自由、平等，只有在共产主义时代才能实现。随着生产力的充分发展、阶级和阶级对立的消失，以及由阶级差别产生的社会和政治不平等的消失，现存国家政权对社会关系的干预将成为多余而自动停止，对人的统治将由对物的管理和对生产过程的领导代替。在这种情况下，被压迫的广大无产阶级将建立自己的政权，即真正意义上的人民国家，从而实现真正的民主。这样，资产阶级政治统治的终结就将成为真正民主制实现的政治前提。

第二，社会生产力的极大发展导致商品、货币、市场和交换的消失，商品经济被产品经济所取代。这种社会不能建立在技术经济落后和不发达的基础上，而只能以高度发达的生产力为基础，并且这一现象具有全球性和国际性。否则，将出现普遍的贫困，迫使人们重新为争取必需品而斗争，使得旧的社会形态死灰复燃。

随着剩余劳动和“盗窃他人的劳动时间”的消失，人类历史上将首次实现以人的自由和全面发展为表现形式的真正财富。生产力不再是个人发财的手段，而是恢复到其本来的面目——成为社会的人的力量。马克思认为，只有创造无限的社会劳动生产力，消除社会分工，极大丰富社会产品，才能为这个社会准备物质基础，满足人的所有需求。这时，每个人才能实现彻底解放，摆脱奴役地位，享有广泛的民主权利，真正管理政治和社会事务的权利。

第三，世界历史的出现。世界历史的出现标志着一个新的历史阶段的到来，在这一阶段中，民主不再局限于某一特定地域或民族，而成为一种世界历史的存在。这一转变是由生产力的高度发展、生产的国际化及世界市场的形成推动的，资本因此成为一种国际性的力量。无产阶级的存在及其历史使命也因此具有了世界性，共产主义的实现同样不再可能是地域性的。正如马克思所指出的，共产主义只有在各民族同时发生的行动中才能经验性地实现，而这需要生产力和世界交往的普遍发展作为前提。因此，无产阶级及其事业——共产主义，只有在世界历史的意义上才能存在和实现。

全球性的历史将在社会分工的扩展中得以实现，随着各个相互影响的活动范围不断扩大，各民族的原始封闭状态因日益完善的生产方式、交往及分工的消除而逐步瓦解。历史因此越发成为世界历史。世界历史的形成扩大了民主的主体范围，同时也扩大了民主的空间和地域范围。这一过程是实现真正民主的重要条件，使得民主在全球范围内成为可能。

第四，人的全面解放。每个人都获得了自由和全面的发展，实现了人的“自由个性”。一切国家制度的本质在于结合成社会的人，而在民主制这一类概念的国家制度中，国家制度展现了其真实面貌，即人的自由产物。真正的自由意味着人的解放，这种解放是从对人和对物的依附中解脱出来，推翻那些使人受屈辱、被遗弃和被蔑视的关系，把人的世界和人的关系还给人自己。马克思所定义的人的解放不是局部的，而是全面的。在资本主义社会，由于分工的片面性和强迫性，资本具备独立性和个性，而活动着的个人却缺乏独立性和个性。因此，马克思认为，资本主义社会无法实现人的自由发展。

人类不仅要从社会的压迫下解放出来，还要从自然界的统治中解放出来，实现从社会和自然界的统治、压迫、支配、奴役下的全面解放，使人类真正以“完整的人”屹立于历史舞台。随着人对人的统治及自然界与人的对立的消除，人类在某种意义上最终脱离了动物界，从动物的生存条件进入真正人的生存条件，成为自然界的自觉和真正的主人。在共产主义社会中，物对人的统治及产品对生产者的统治将被消除，人类不仅成为社会和自然界的主人，也成为自身的主人，成为真正自由的人。在这个时候，真正的民主制将得以实现。

（二）“真正的民主制”的未来展望

第一，“真正的民主制”揭示了共产主义事业的性质。建立共产主义的过程本质上是经济性质的，因为它不仅涉及生产关系的根本性变革，还关系到资源和财富的重新分配。通过这种变革，共产主义旨在建立一个新型的社会结构，在这个结构中，生产资料不再是少数人私有，而是归全体人民共同所有和管理。这样的所有制形式消除了生产力与生产关系之间的固有矛盾，促进了社会生产力的全面解放和发展。在这一新型社会结构中，生产和交往关系的变革带来了更高层次的社会协调和合作。联合起来的个人通过有组织的经济活动，能够更加有效地利用资源，实现社会财富的最大化和公平分配。这种经济上的转变不仅为个人提供了物质上的保障，也为实现个人的全面发展和自由创造了条件。

因此，共产主义不仅是一场政治革命，更是一场深刻的经济革命。它通过对生产关系的根本性改造，消除了传统社会中自发形成的不平等和压迫，建立了一个以人为本、人人平等的经济体系。这种体系的建立，是实现真正民主和社会公正的基础，也是共产主义事业的核心目标所在。

第二，“真正的民主制”揭示了实现共产主义的道路。以竞争为基础的资产阶级社会由于其物质基础的特性，无法容许公民间存在除竞争以外的其他斗争形势。当人们之间的冲突达到一定程度，资产阶级社会和国家将通过武力，而非精神力量来解决问题。无产阶级若要消灭旧的社会形态和一切统治，必须通过夺取政权来实现这一目标。他们强调，通过革命来实现共产主义不仅是为了推翻统治阶级的唯一途径，更是因为无产阶级只有在革命的过程中，才能彻底摆脱自身的旧有束缚和污秽，进而建立起新的社会基础。这种普遍性的变革只有在实际运动和革命中才能实现，革命的必要性在于通过这种激进的变革手段，促使无产阶级和整个社会发生深刻的转变，从而为实现共产主义奠定坚实的基础。

第三，“真正的民主制”揭示了共产主义革命与以往革命的根本区别。传统的革命未曾触动劳动的性质，仅仅是以新的方式重新分配劳动，但共产主义革命则彻底改变了劳动的性质，消灭了劳动的异化性质，将生产活动转变为自主活动。过去的革命未曾挑战私有制，而共产主义革命则根本上反对私有制，彻底消灭私有制。传统革命对生产力的占有受限于当时的生产力和生产工具，未能摆脱有限的生产工具和分工的束缚，导致自主活动无法全面发展。相反，共产主义革命通过联合占有全部生产力，消灭旧式分工，使自主活动与物质生活一致，从而实现人类才能的全面发展。传统的革命在分工条件下未能产生新的政治机构，而共产主义革命通过消灭分工，最终会消除政治机构。

马克思和恩格斯对共产主义社会的基本特征进行了初步设想：①将现有的条件转变为联合的条件，个人联合起来占有全部生产力；②社会调节生产；③人们能够掌握自己的命运，并得到全面发展；④社会实行按需分配；⑤阶级和阶级统治将消失，政治机构将消除；⑥个人的自由发展是一切人自由发展的条件。

在《哥达纲领批判》中，马克思详细分析了未来社会的两个基本阶段：第一阶段和高级阶段。在第一阶段，社会仍带有旧社会的痕迹，体现出资本主义社会向共产主义社会过渡的特征。在高级阶段，劳动成为生活的第一需要，个人得到全面发展，集体财富源泉充分涌流，社会将实现“各尽所能，按需分配”的原则。马克思认为，资本主义向共产主义的过渡期间，存在一个革命转变时期，相应的国家形式是无产阶级的革命专政，这体现了无产阶级专政学说的重要性。无产阶级上升为统治阶级，争取到的民主并不是最终的真正民主制，而是实现真正民主制的途径。在共产主义的高级阶段，“真正的民主制”将得到实现。

第二节　列宁民主理论

一、列宁民主理论的核心内容

“列宁开社会主义民主建设先河，其民主思想来源于对马克思主义民主思想的继承发展和对苏俄所处国内外形势的准确把握。”① 列宁作为俄国革命的领导者，不仅继承和完善了马克思主义的民主理论，而且在借鉴国际共产主义运动的经验和领导俄国革命的基础上丰富和发展了马克思主义的民主理论。

（一）民主和专政学说

在《国家与革命》一书中，列宁系统地论述了作为马克思主义国家学说核心的无产阶级专政学说，论述了无产阶级必须用暴力革命打碎资产阶级等重大问题。他指出，民主作为一种国家形式，是民主与专政的结合，是国家政权不可分割的两个方面。在此基础上，进一步指出，民主是指统治阶级的状况，它规定了统治阶级在权力分配上所达到的平等程度；专政是指被统治的状况，它规定了统治阶级在多大的范围内对被统治阶级实行镇压。因此，正确认识民主与专政的关系，有助于更好地理解列宁的民主学说。

---

① 张婷. 论列宁民主思想及其当代启示［J］. 江苏省社会主义学院学报，2022，23（4）：51.

1. *民主和专政是历史发展的产物*

随着工业革命的不断推进，无产阶级逐渐登上历史舞台，在与资产阶级的斗争中，马克思逐步认识到无产阶级的革命性及其在人类历史中的作用。他指出，在资本主义社会和共产主义社会之间存在一个过渡时期，这一时期的国家形态只能是无产阶级专政。列宁在此基础上进一步强调，民主在从资本主义向共产主义过渡期间的形态变化表现为对大多数人民实行民主，同时对剥削者和压迫者实行强力镇压。无产阶级专政的国家不仅对推翻资产阶级统治的无产阶级是必要的，而且对于资本主义和共产主义之间的整个过渡时期也是不可或缺的。只有理解这一点，才能真正理解马克思主义国家学说的核心。

在社会主义国家进行民主建设时，必须发展大多数人的民主，同时坚持无产阶级专政，将民主与专政有机结合起来。这不仅是历史发展的必然要求，也是现实条件的客观需求。在这个过程中，无产阶级专政作为一种特殊的国家形态，既保障了无产阶级的根本利益，又为向共产主义社会过渡提供了必要的政治保障。因此，无产阶级专政与民主的结合是社会主义建设的重要原则，其最终目的是实现人类社会的全面解放和发展。

2. *民主与专政是紧密结合的统一体*

民主与专政紧密结合，形成一个统一体。两者虽然存在区别，但却有着不可分割的关系。任何国家形态的民主和专政都是有组织、有系统地对人民施行控制。统治阶级在内部推行民主的同时，必然意味着被统治阶级的部分权利会受到限制。例如资本主义国家的民主维护的是资产阶级的利益，虽然法律上也规定了无产阶级享有某些民主权利，但这些权利的行使必须在不威胁资产阶级统治的前提下进行。历史证明，无论是民主还是专政，都属于统治阶级的范畴。因此，社会主义民主的真正含义涵盖两个方面：一方面，是在统治阶级内部实行符合其利益的民主；另一方面，是对少数人实行专政，这两者有机结合构成了民主的完整内涵。

在社会主义制度下，民主与专政并不是对立的，而是统一于无产阶级的根本利益中。民主保障了人民群众的广泛参与和政治权利，而专政则确保了对少数敌对势力的有效镇压，两者共同作用，推动社会的进步和发展。因此，正确理解和把握民主与专政的辩证关系，是社会主义国家治理的核心要求。

（二）人民民主学说

人民群众是历史的创造者，发展人民民主必须发挥人民群众的积极性和主动性。把广大人民吸收到参与国家管理的队伍之中，是社会主义民主的实质和中心内容。在社会主义的条件下，人民民主是“大多数人的统治”，享有民主权利的主体具有广泛性和普遍性。列宁从本国国情出发，从马克思主义民主理论的精神本质出发，创造性地发展了人民民主理论。学习列宁的民主理论，理解和认识他的人民民主理论，对社会主义国家的民主建设具有重要的理论意义。

第一，人民群众直接参加国家的管理与监督是社会主义本质所在。苏维埃政权的公开性体现了对每一位公民的信任，并依靠最广泛和最有力的群众基础来维持政权的安全。因此，实现社会主义民主的关键在于加强民主主体的建设。在十月革命之前，列宁就指出工农兵代表苏维埃是新革命政权的萌芽，这意味着群众从上到下直接参与国家生活的民主建设。通过暴力夺取政权后，必须彻底摧毁旧的官僚机构，推翻旧的政权组织形式，并用工人自己组建的民主机构实现人民的民主理想。这种民主设想不仅在形式上建立了参政议政的机构，更从根本上规范了人民参与国家管理的途径，使广大工农群众在新的政权组织形式中发挥积极作用。列宁进一步指出，苏维埃政权首次在历史上为受资本主义压迫的群众组织提供了方便，使这种组织成为自上而下、从地方到中央的国家构成的持久和不可缺少的基础。通过这种方式，真正实现了大多数人享有的民主，使人民参与国家的管理。让人民群众自己管理自己，直接参与国家的管理和监督，这不仅是社会主义民主的体现，更是其本质所在。

第二，社会主义法制是发展社会主义人民民主的重要保障。要实现人民民主，必须将民主建设与法制建设有机结合起来，将社会主义民主制度化，并通过法律规范确保民主的实施。法制的建立和健全对社会主义至关重要，因为没有法制，人民的各项权利就会沦为形式。社会主义法制与社会主义民主同样都是人民意志的体现。如果人民的意志得不到法律的保护，那么人民的权利也无法得到保障。因此，必须通过法律形式保障最广大人民的根本利益和权利，使人民意志上升为国家意志，使其权利得到宪法的承认和保护，这是民主制度化和法律化的关键。法律的完善不仅能巩固已获得的民主权利，还能促进人民民主不断向前发展。只有在法律的规范和健全的条件下，才能让无产阶级和广大劳动群众已经争取到的民主权利不断巩固，逐步向更高层次的社会主义民主发展。通过完善的法律体系，可以有效保障和促进高水平的无产阶级民主，实现社会主义民主的健康发展。

第三，促进政治体制改革和改善党的领导是发展社会主义民主的重要力量。社会主义民主政治建设的核心任务在于，在无产阶级政党的领导下，不断完善国家机关的各项制度，推进政治体制改革，确保人民群众享有应有的民主权利。十月革命胜利后，执政党在迅速掌权的过程中，国家出现了党政不分、贪污腐败等问题。这凸显了改善党的领导体制的必要性，因为如果不进行相关改革，社会主义的胜利果实将可能在执政者手中丧失。国家机构的改善既是一个长期存在的问题，也是一个不断变化的问题。为此，必须精简机构、改革制度、改进组织管理、改善机关结构，并重新整编队伍，以确保党和国家的领导体制更加健全和高效。这种改革不仅有助于巩固社会主义民主的成果，也为人民群众的民主权利提供了更为坚实的保障。

（三）党内民主学说

无产阶级政党作为无产阶级的先锋队，不管是在严峻的革命时期，还是在实行新制度的社会主义时期都必须坚持党内民主，实行民主集中制。列宁指出党内民主内容就是党内一切事务由全体党员直接或通过代表来处理，党内所有领导人员都是由人民群众选举出来的，受人民群众监督，可由人民罢免。党内民主有自己的组织原则，即民主集中制，在民主的基础上把党的权力集中起来，坚持党的领导，发挥社会主义制度所具有的优越性。

作为无产阶级领导人的马克思和恩格斯就主张实行党内民主，把民主制度作为一项基本原则引入党内，把是否实行党内民主看作共产党和一切旧式政党的根本区别。党内民主实行的好坏不仅是工人阶级政党先进性的体现，也是政党本身追求自由的重要目标之一。由于共产党坚持民主集中制原则，实行少数服从多数，因此作为领导核心的执政党应当搞好党内民主。

1. 党内民主的开展是一个渐进的过程

1898 年俄国社会民主工党成立之初，政党活动受到沙皇统治的严密监视，恶劣的环境使得自下而上的选举程序难以实施。基于俄国的实际情况，严格的纪律和民主集中制原则成为党的基本方针，反对广泛的民主原则。这种集中制对于克服国内外的困难环境、推进战乱时期的政权建设任务及保卫苏维埃政权的安全具有积极意义。随着专制统治的推翻和党有了公开活动的条件，这种集中制逐渐转变。

1905 年，布尔什维克党开始从集中制向民主集中制转变，建立了一个公开组织的理想民主制度。这一转变并非偶然，而是列宁在面对实际情况和俄国国情的变化中，理论思想不断发展的必然结果。在这一过程中，列宁强调党的集中和统一，以及党的集中纪律，并不是反对民主制，而是对民主制的丰富和现实化。这一思想揭示了党内民主随着形势的变化而不断扩大的趋势，也反映了党内民主的开展是一个循序渐进的过程。

列宁的理论强调每一个成熟的思想都是在过去理论基础上的发展和深化，即使在恶劣环境下，也从未放弃民主，而是通过不断建立党内原则和完善监督制度，推动民主与集中的相互补充。列宁的党内民主思想逐步建立并走向成熟，通过民主集中制的不断丰富，标志着党内民主逐渐走上了不断完善和成熟的道路。这一过程不仅体现了列宁理论的深刻性和前瞻性，也为后来社会主义民主的发展奠定了坚实的基础。

2. 列宁发展和探索党内民主之路的重要举措

党内民主的本质是使全体党员成为党内事务的主人，使他们能够直接或间接地参与党内管理事务。发展党内民主不仅要使领导干部保持应有的民主作风，更重要的是能够按照法定的规章制度管理国家大事，提高党的执政能力。列宁作为世界上第一个无产阶级专政国家的缔造者，推进党内民主的先行者，研究列宁推进党内民主的重要举措，无疑能够为我党发展党内民主提供一些成功的借鉴。列宁时期党内民主的发展大致经历了以下两个阶段：

（1）民主集中制

第一，搭建党员讨论平台，定期召开党的会议。每年召开一次党代表大会，中央委员会全体会议至少每两个月召开一次。民主在很大程度上体现在会议的程序和制度上。1917 年党的六大通过的章程不仅对民主集中制进行了明确规定，还对其他制度进行了规范。尽管国内外局势动荡，党内会议仍能按时召开，确保国家大事能提交党代会讨论，从而推动党内民主的迅速发展。

第二，实现广泛的定期选举制度，让每个党员都具有选举和被选举的权利。在党内生活中，选举权和被选举权是党员民主权利的体现，是党员参与党内政治生活的重要途径。党内民主不仅是一种民主作风和民主方法，其本质还在于充分保障党员的权利。为了避免选举流于形式，选举中的透明度和党员对候选人的了解是至关重要的。通过这种方式，不仅增加了选举的透明度，还能不断注入新鲜血液，调整不合格的干部领导，使党内民主焕发新的活力。

第三，尊重党内不同意见，保障少数人的权利。尽管少数服从多数是基本原则，但必须保障少数人所拥有的权利，尤其是忠实的反对派。党内政治生活只有在保护少数人权利的基础上才能保持健康。在党代会上，少数人可以发表不同观点，通过广泛讨论和辩论，做出大多数人赞同的决定。

第四，广开言路，发扬民主，对党的方针、政策、理论展开自由讨论。广开言路，言论自由，充分发扬党内民主是保障党的统一行动的重要方法。在苏维埃政权的建设过程中，从十月革命前夕至 1924 年列宁病逝，俄国党内的重大选择都经过了广泛讨论。这些讨论不仅限于列宁和他的支持者之间，也包括其他领导人。作为最高领袖，列宁充分尊重其他人的意见，从不凌驾于集体之上，以其良好的个人政治素质为苏俄党内民主的开展起到了模范作用。

（2）极端集中制

第一，通过严格的党内纪律保障思想上的统一，上级决议必须得到下级的执行，只有在执行的前提下才允许向更高一级机关申诉。这种纪律确保了党内命令的贯彻执行，从而维护了组织的高度统一。

第二，对反对派采取暴力镇压，确保苏维埃政权的执政权威，从政治上树立绝对的领导威信。这一措施在一定程度上消除了内部的分歧和反对声音，维护了政权的稳定。

第三，为防止更大的动乱，取消一切民主制，包括出版、言论等自由被国家取消。这种做法在当时的历史条件下，是为了维持国家的集中统一和稳定，但也导致了公民基本自由权利的剥夺。

第四，实行一党专政，高度集权，党领导一切的国家形式成为当时的选择。这种高度集权体制在战争条件下可能是唯一的出路，但也使党内民主被集权专制所取代，党内民主生活的权利受到了极大的侵害。党国一体的形式在一定程度上保证了政权的稳定和战时政策的有效实施。

尽管战时共产主义政策采取的极端集中制确立让党内民主的开展遇到了挫折，但苏维埃政权的巩固和安定的国内外环境的建立为日后和平时期开展党内民主打下了坚实的基础。这一时期的高度集权体制虽然受到批评，但在特定历史背景下，也为后来的民主进程提供了经验和教训。

二、列宁民主理论的历史启示

列宁的民主思想不仅对俄国社会主义制度的建立具有重要的历史意义，而且对整个世界社会主义运动的推动和开展产生了不可估量的影响。民主作为历史的产物，必然是一个与不断变化着的现实相适应的过程。因此，从历史的角度来看，分析列宁思想的理论价值，正视其优势，分析其不足，对正在进行社会主义民主建设的中国来说无疑具有重要的借鉴意义。

（一）民主理论的建设须同本国国情结合

列宁的民主理论不仅继承了马克思民主理论的核心内容，而且在俄国本土的革命实践中丰富和完善了马克思的民主理论。他从俄国的实际情况出发，深入研究了如何在一个落后的国家中进行社会主义民主建设的问题，提出了一系列具有开创性的重要理论观点。在建设政权和探索民主过程中，列宁强调苏维埃式的民主比资产阶级民主更为先进，并明确提出“没有民主就没有社会主义”的论断。这一论断强调了民主在社会主义建设中的关键作用，并指出社会主义民主可以通过人民民主和党内民主的结合来实现。

列宁在其理论中，强调了通过发展生产力、发展社会主义公有制经济及推动科技、文化、教育和卫生事业的进步来提高人民的知识文化水平。这种观点显示了他对社会主义民主建设的深远理解，即通过全面的社会进步来支撑民主的实现。他还提出，重大决策和重要干部的任命都应由苏共中央决定，以确保党内民主和集体领导的有效运行。

列宁的理论为后来的社会主义国家提供了科学的理论指导和宝贵的实践经验，特别是在当前中国的民主政治发展中，研究列宁的民主理论具有重要意义。这有助于进一步增强民主意识，树立正确的民主观念，积极稳妥地推进社会主义政治建设，坚定不移地走具有中国特色的民主之路。通过借鉴列宁的理论，中国可以更好地结合自身国情，探索和实践符合自身特点的社会主义民主，为实现国家的长治久安和社会的全面进步提供坚实保障。

（二）正确处理民主与专政的关系，推进民主机制的合理运行

建立一个真正的民主社会一直是共产党人梦寐以求的理想，也是社会主义政治文明的重要标志之一。十月革命成功后，无产阶级专政的苏维埃社会主义共和国应运而生，实行了与以往旧制度截然不同的苏维埃民主制。此种民主制在处理民主与专政的关系上，取得了重要的突破，使得人民在政治上获得了真正的民主权利，成为国家的主人。

列宁逝世以后，苏维埃的民主政治建设进入了新的阶段。在这一过程中，处理好民主与专政的关系依然是核心问题。斯大林在建设苏维埃的过程中，制定了一系列法律来巩固苏维埃民主制，建立了适合苏联国情的国家形式，这是其取得的成功之一。然而，斯大林时期的经验教训也为后人提供了深刻的反思材料。

当党内所有权力集中于个人手中时，党内民主关系开始紧张，派系斗争愈演愈烈，这不仅削弱了党的凝聚力和战斗力，也导致了人民对党的信任度的下降。最终，党内权力的过度集中和缺乏民主监督，导致政党逐渐失去民众的支持，甚至最终走向失败。这一历史教训值得深刻反思，对于当前和未来的社会主义国家，如何在推进民主机制的合理运行中，正确处理民主与专政的关系，是一个始终需要面对和解决的重要课题。

（三）积极推进民主政治建设，注重民主改革的渐进性

列宁的民主理论能够在苏维埃大地上生根发芽，关键在于他将马克思主义的基本原理与俄国的具体国情结合起来。这种结合不仅是天时、地利、人和的完美交汇，更是理论与实践的有机融合。民主作为一种政治制度，既寄托了所有人的政治理想，又需要方法和过程的有序结合。由于各国国情不同，民主形式在不同国家之间存在显著差异。一个国家实行何种政治制度和形式，必须与其特定的政治、经济、文化条件相结合，否则将会导致难以预料的后果。

在推进民主政治建设时，应注重改革的渐进性和稳妥性。民主作为政治理想的实现，需要循序渐进地推进，而不是一蹴而就。只有在充分理解和尊重本国国情的基础上，结合实际情况，逐步推进民主改革，才能确保改革的成功和民主的真正实现。通过这种渐进的改革方式，可以有效避免激进变革带来的社会动荡和政治危机，确保国家的长治久安和人民的福祉。

（四）列宁民主理论对中国民主政治发展具有重要意义

列宁民主思想是20世纪上半叶马克思主义的具体体现，是马克思主义在实践中的重要发展和创新。该思想不仅继承了马克思主义的精神和实质，还在新的历史条件下丰富了马克思主义理论，为社会主义运动的开展指明了前进的方向。列宁的民主思想作为新时期的马克思主义，是一个丰富的理论宝库，其重要价值之一在于创建并发展了民主集中制，并将这一制度确立为组织的原则和管理国家的基础。正是这种民主集中制的思想，使得党组织不断发展壮大，使得苏维埃政权不断得以巩固。

中国共产党在行动上践行民主集中制，在党的组织纪律中充分发扬党内民主，防止个人专权，这在很大程度上继承了列宁民主理论的核心思想。重温列宁的民主政治思想，对于正确处理民主与集中的辩证关系，加快政治体制改革的步伐具有深远的影响。列宁民主理论不仅为我国社会主义政治建设提供了宝贵的经验，还为当前和未来的政治改革指明了方向，强调了在推进民主进程中必须结合国情，稳步推进的必要性。这种理论的深刻理解和应用，将对中国社会主义民主政治的发展产生持续而积极的影响。

第三节　新时代中国特色社会主义民主理论

一、新时代中国特色社会主义民主实践的初步确立

在新民主主义革命时期，党团结带领人民进行了多种民主建政实践，建立了人民当家做主的中华人民共和国。在社会主义革命和建设时期，党中央将新民主主义革命时期的工农兵代表大会制度、“三三制”等经验转化为制度成果，建立了我国的民主政治制度。这些丰硕的成果，为中国特色社会主义民主政治的发展奠定了坚实的理论与实践基础，为其实践探索创造了有利的社会条件。

中国共产党在探索和发展民主政治的过程中，始终坚持从国情出发，将理论与实践结合起来，逐步形成了符合本国实际的政治制度。在社会主义建设时期，党不断总结经验，及时将成功的实践转化为制度成果，逐步形成了一套既符合历史传承又满足现实需求的政治制度体系。

中华人民共和国成立后，建立起新民主主义民主制度是中国共产党面临的首要任务。在新民主主义革命时期，中国共产党人积累了丰富的民主政治理论与实践经验，为中华人民共和国成立后建立民主制度奠定了基础。通过总结理论与实践经验并将其升华为相应的制度加以实施，从而为人民当家做主提供保障。

（一）促进共产党领导的多党合作与政治协商制度的形成

1919—1949 年，中国共产党高度重视与民主党派和民主人士的团结合作，这为多党合作和政治协商制度奠定了坚实的理论基础。1947 年，在《中国人民解放军宣言》中提出了成立联合政府的构想，旨在与各民主党派组成民族统一战线，共同对抗独裁统治，明确了中国解放战争胜利后的政治道路选择。1948 年中共中央发布的“五一口号”进一步提出成立联合政府的要求，号召各民主党派参加新的政治协商会议，共同商讨召开人民代表大会，成立联合政府。“五一口号”的发布在推动多党合作和政治协商制度建立方面发挥了关键作用，促使各民

主党派和无党派人士形成政治共识，认同党的领导和革命道路。

1931—1945 年，形成了以“中国共产党领导”和“多党派参与”的“三三制”政权形式，这可以看作中国共产党领导的多党合作和政治协商制度的雏形。各民主党派在中国共产党的领导下，共同维护国家的长治久安，避免了多党恶性竞争、轮流执政等不稳定因素。然而，这一时期的多党合作和政治协商制度在党与各民主党派之间的关系处理上仍须进一步妥善解决。

通过新民主主义革命时期的探索和实践，中国共产党逐步形成并完善了多党合作和政治协商制度。这一制度不仅是中国社会主义政治体制的重要组成部分，也是实现国家长治久安的重要保障。党与各民主党派的团结合作，体现了中国共产党广泛团结各阶层人士、凝聚社会力量的能力和智慧，为中国特色社会主义事业的发展提供了强有力的政治保障和制度支持。

（二）推动人民代表大会制度的确立

随着政权的逐步稳固，从 1953 年下半年开始，全国范围内开展了选民登记和投票选举。这是我国历史上第一次普选运动，极大地唤醒了广大人民当家做主的意识。1954 年 9 月，第一届全国人民代表大会召开，并颁布了我国历史上第一部社会主义类型的宪法。宪法规定中华人民共和国是工人阶级领导的、以工农联盟为基础的人民民主国家，同时明确规定中华人民共和国的一切权力属于人民。人民行使权力的机关是全国人民代表大会和地方各级人民代表大会。这标志着人民代表大会制度在全国范围内正式建立。

经过多年的民主探索，人民代表大会制度逐步走向成熟，较之其雏形——苏维埃代表大会制度，更加具体和完善。人民代表大会制度践行了马克思主义的民主思想，是人类政治制度史上的伟大创造。该制度按照直接选举和间接选举相结合及差额选举、无记名投票的原则，通过各级人民代表大会选举人大代表。人民代表大会从乡、县、市、省、全国自下而上、逐级召开，向上传递民众意愿，最大限度地保障人民当家做主。

人民代表大会制度满足了近代以来备受压迫和奴役的人民实现当家做主的期待，成为人民实现当家做主的重要体现。这个制度不仅是我国政治体制的重要组成部分，也是社会主义民主政治的重要形式。通过这一制度，广大人民群众得以参与国家事务的管理，充分表达自己的意愿和诉求，切实保障了人民的政治权利和民主利益。人民代表大会制度作为中国政治体制的重要基石，在我国社会主义民主政治的发展过程中发挥了至关重要的作用。

在全国人民代表大会制度的框架下，各级人民代表大会不仅在立法和监督政府工作方面具有重要职能，还在保障和促进经济社会发展、维护社会稳定方面发挥了重要作用。人民代表大会制度不仅体现了人民民主专政的基本原则，也为我国社会主义现代化建设提供了坚强的制度保障。通过不断实践和完善，人民代表大会制度不断适应时代发展和社会进步的需要，成为中国特色社会主义政治制度的重要标志和优势。

（三）为民族区域自治制度奠基

民族区域自治制度符合我国多民族国家的现实需要，得到了各民族的普遍认可。它在尊重、维护和保障少数民族自治权利，巩固中华民族大团结方面起到了重要作用。多民族国家往往面临民族矛盾带来的内部冲突和分裂风险，中国共产党通过民族区域自治制度有效避免了这些问题的发生。苏联的解体便是因为其在处理民族问题上存在严重缺陷，没有实现真正的民族平等和自治，而中国共产党坚持从本国历史文化传统、社会经济发展状况及信仰差异等方面出发，探索出了一条符合国情的民族团结方案，并始终坚持党的领导核心作用，凝聚了民族共识。

在中华人民共和国成立初期，除了建立民主制度，中国共产党的在民主实践上还包括基层民主自治的实践和法制建设的推进。基层民主自治在 1949 年便实现了居民委员会的民主选举，体现了人民在基层当家做主的愿望。在法制建设方面，通过废除国民党的法律体系，颁布新的法律法规，建立了人民司法制度，各级人民法院和检察院也逐步建立。此外，党内民主的发展、整风运动的开展及政治体制改革的设想，都体现了中国共产党在民主政治实践中的不断探索。

在全面建设社会主义时期，尽管在民主政治实践探索过程中出现了失误，但这些探索为中国特色社会主义民主政治建设奠定了基础。中国共产党人在新民主主义革命时期的民主政治实践，为新中国民主政治制度的建立提供了宝贵经验。这些实践包括从苏维埃代表大会制度到人民代表大会制度的建立，从“三三制”到中国共产党领导的多党合作和政治协商制度，从民族自决到民族区域自治制度等。进入改革开放后，中国共产党继续深化民主政治实践，展示了继承与创新并重的特点。中国的民主政治探索在不断前进中取得了重大成就，为中国特色社会主义民主政治建设做出了重要贡献。

二、新时代中国特色社会主义民主实践的全面展开

新时代中国特色社会民主政治建设随着社会主义现代化建设的发展逐步完善，新时代中国特色社会主义民主政治实践全面展开。

（一）党内民主建设的重点内容

改革开放以来，由于受社会利益多元化、思想多样化的影响，党内民主的建设要注意以下四个方面的内容：

1. 尊重党员的主体地位

尊重党员的主体地位，意味着在党的各项工作中，必须重视党员的意见和建议，使党员能够在党内事务中发挥积极作用。这样不仅有助于增强党员的归属感和责任感，还能够提升党组织的凝聚力和战斗力。

为了确保党员民主权利的有效行使，中共中央于 1995 年印发了《中国共产党党员权利保障条例（试行）》，并于 2004 年和 2021 年进行了修订和完善。这部专门保护党员民主权利的法规，为保障党员的权利提供了重要依据和遵循。条例的修订旨在适应新时代的要求，使其规定更加全面和具体，进一步保障党员的权利。例如健全党代表大会联系党员制度，支持和保障党代表大会代表加强与基层党员的联系；在巡视巡察过程中，广泛听取党员的意见和建议；党组织应当充分保障党员反映意见的权利等。

通过这些措施，党员的主体地位得到充分尊重，党员的民主权利得到了切实保障。这不仅有助于激发党员的积极性和创造性，还能增强党的整体活力和战斗力，为党在新时代的执政提供了坚实的基础。尊重和保障党员的权利，是党内民

主建设的重要内容，也是实现党的自我净化和自我完善的关键步骤。

2. 坚持和健全党的代表大会制度

党的代表大会制度的核心在于，通过代表会议集体决定党当前的各项事务，这体现了党内民主的本质意义。自恢复了党的代表大会制度以来，党代会得以定期召开，这不仅保证了党的决策的科学性和民主性，也使党的各项决策更具广泛的代表性和实效性。

随着时代的发展，党的代表大会制度不断完善，形成了更加完整的制度体系。2023 年 4 月，中共中央印发了《中央党内法规制定工作规划纲要（2023—2027 年）》，进一步明确了健全党的代表大会代表参与重大决策、参加重要干部推荐和民主评议、列席党委有关会议、联系党员群众等制度的要求。通过这些制度安排，代表的作用得到了更好的发挥，党的决策更加科学民主。健全党员旁听党委（党组）会议、党内情况通报反映、党内事务咨询、重大决策征求意见等制度，为党员更广泛地参与党内事务提供了制度保障。

3. 坚持民主集中制

在党内贯彻执行民主集中制，首先应推进党务公开。党务公开作为处理上下级组织关系的基本要求，不仅有助于上级组织尊重下级组织的工作创造性，还能确保下级组织在涉及原则性的方针、政策问题上，无条件地执行上级组织的决定。这种上下级组织之间“互通情报、互相支持、互相监督”的具体要求，是党务公开的核心要义。其次，党必须保障党员依据《党章》享有的各项权利，同时党员也必须严格按照《党章》履行其义务。这不仅是党内民主的体现，也是维护党内和谐和纪律的基本要求。通过保障党员权利和履行党员义务，能够激发党员的积极性和主动性，增强党的凝聚力和战斗力。最后，完善民主集中制的领导体制。健全集体领导和个人分工负责相结合的制度，是实现科学决策和高效执行的关键。以党中央为核心，建立民主集中制执行情况的考评机制，严格执行请示报告制度，要求各级领导干部尤其是高级干部带头执行民主集中制。这些举措不仅强化了党内监督和制衡机制，还有效提高了党的决策质量和执行力。

4. 建立健全党内监督体系

党内民主必须用法制来保障，确保民主不是某个领导人的产物，并且不以他们的意志而改变。如果领导人对于民主的解读与要求凌驾于法律之上必然会带来个人专断，不符合社会主义的要求，也会影响整个社会的正常运行。新时期以来，随着党内民主的恢复，党在推进决策民主化和科学化、保障各级党组织和党员的民主权利、继续搭建完备的党内民主的制度体系等方面发挥了重要作用。在理论上丰富了党内民主建设的内容，在实践中推进了党内民主建设的进程。

（二）民主政治建设的规范化

民主与社会主义是不可割裂的。中国已经建立人民政权，下一个阶段必然是利用民主手段推进社会发展。所以在社会发展的过程中，民主是不可或缺的，利用民主推动社会朝着稳定、和谐的方向前进。民主政治建设既是社会主义现代化建设的保证，也是目标。

1. 健全民主的政治制度

健全民主的政治制度是一个国家实现长期稳定发展的重要保障。这一制度的建立和完善，体现了国家对公民权利的尊重和保护，同时也是社会和谐的重要基础。在健全民主的过程中，透明、公正、法治等原则必须得到严格遵循，以确保每一位公民都能够平等地参与国家事务。

（1）民主制度的核心在于人民主权。人民主权原则要求国家的一切权力来源于人民，并服务于人民。人民通过选举、表决等方式参与到国家的决策过程中，这不仅是公民权利的体现，也是国家政治合法性的根本来源。在此基础上，选举制度的健全至关重要。科学、合理的选举制度可以确保公民自由、公平地选举自己的代表，从而使国家权力机构真正代表人民的意志。

（2）注重权力的制衡和分立。通过立法、行政和司法三权分立，可以有效防止权力的集中和滥用。立法机关负责制定法律，行政机关执行法律，司法机关解释和监督法律的实施。这种制度设计不仅能够提高政府的效率和透明度，还能确保法律的公平性和公正性，从而保护公民的基本权利。

（3）加强法律的普及和法治的建设。公民的法律意识和法治观念的增强，可以促使其更积极地参与到国家的民主进程中。同时，法律的公正实施可以确保每一个公民都在法律面前平等，从而增强社会的公平感和正义感。一个健全的法治社会不仅能够有效解决社会矛盾，还能提高国家的治理能力和水平。

（4）信息公开和透明。信息公开不仅可以增强政府的透明度，还能提高公民对政府的信任度和支持度。通过信息公开，公民可以更全面地了解国家的政策和决策过程，从而更好地行使自己的知情权和监督权。透明的政府运作可以有效防止腐败，提升政府的公信力和执行力。

健全民主的政治制度不仅是国家发展的需要，也是社会进步的体现。制度创新和实践探索，可以不断完善和发展国家的民主制度，从而更好地实现国家的治理目标和社会的和谐发展。健全民主的政治制度是一项长期的、复杂的系统工程，需要全社会的共同努力和不懈追求。改革和创新，可以不断推进国家的民主进程，实现国家的长期稳定和可持续发展。

2. 加强民主的法制建设

在现代社会，民主法制建设是确保国家长治久安和人民权益得到有效保障的重要基石。民主法制的加强不仅涉及法律体系的完善，更关乎社会治理的科学化、规范化和法治化。民主法制的建设，旨在通过法律的制定与实施，为公民提供平等的权利和公正的司法环境，促进社会公平正义的实现。

（1）加强民主法制建设需要对现有的法律体系进行深入的审视与完善。这意味着必须对现行法律进行定期的修订和更新，以适应社会发展的需要。法律的制定应基于广泛的社会调研和专家咨询，确保法律内容的合理性、前瞻性和可操作性。同时，法律的修订应充分考虑社会各阶层的利益，以实现法律的公平性和普惠性。

（2）民主法制建设的核心在于保障公民的基本权利。这包括但不限于言论自由、集会自由、宗教信仰自由等。法律应当明确规定公民的权利和义务，并通过有效的司法机制保障这些权利的实现。此外，法律还应规定对侵犯公民权利行为的处罚措施，以起到预防和惩戒的作用。

（3）加强民主法制建设应关注司法独立和司法公正。司法机关在处理案件时，应保持独立性，不受任何外部力量的干预。司法判决应基于事实和法律，公正无私，确保每一个案件都能得到公正的审理。此外，司法透明度的提升也是加强民主法制建设的重要方面，通过公开审判、公布判决书等方式，增强公众对司法公正的信任。

（4）民主法制建设需要强化法律教育和普及。通过教育，增强公民的法律意识和法治观念，使他们了解法律的重要性，认识到遵守法律是每个公民的责任。法律教育应贯穿于公民的整个教育过程，从基础教育到高等教育，从职业培训到社会教育，形成全社会尊法学法守法用法的良好氛围。

（5）民主法制建设还应注重法律实施的监督和评估。通过建立有效的监督机制，确保法律得到正确实施，防止法律执行过程中的滥用和不公。同时，对法律实施的效果进行定期评估，及时发现问题并进行调整，以确保法律实施的效率和效果。

民主法制建设是一个持续的过程，需要社会各界的共同努力和参与。政府、立法机关、司法机关、公民及社会组织都应承担起相应的责任，共同推动民主法制的完善和发展。通过不断努力和实践，民主法制建设将为社会稳定、经济发展和人民福祉提供坚实的保障。

（三）基层民主的创设和发展

1. 建立健全基层群众自治制度

基层群众自治制度作为我国社会主义民主政治建设的重要形式，既是实现人民当家做主的制度保障，也是推进基层治理现代化的重要路径。通过完善和发展基层群众自治制度，可以有效激发基层群众的政治参与热情，增强群众的主人翁意识，促进社会和谐稳定。

在理论层面，基层群众自治制度的建设是社会主义民主政治的具体体现。马克思主义理论认为，国家的本质在于人民的共同意志，人民群众是历史的创造者。基层群众自治制度正是这种思想的具体实践，通过赋予群众更多的自治权利，充分发挥群众在基层治理中的主体作用，实现人民群众当家做主的政治理想。基层群众自治制度不仅是社会主义民主政治的体现，更是社会主义政治文明的重要组成部分。通过基层群众自治制度，可以培养和增强群众的民主意识和参与能力，推动社会主义民主政治建设的深入发展。

在实践层面，基层群众自治制度的健全与完善对于推进国家治理体系和治理能力现代化具有重要作用。基层群众自治制度通过村（居）民委员会等基层自治组织，将政府的管理职能与群众的自治权利有机结合起来，形成了一种以群众自治为核心、政府引导为保障的基层治理模式。这种模式不仅能够提高基层治理的效率和效果，更能够增强群众对政府的信任和支持，促进社会的和谐稳定。通过基层群众自治制度，群众可以直接参与到公共事务的决策、管理和监督中，真正实现了人民群众的民主权利。基层群众自治制度还可以通过发挥群众的智慧和力量，解决基层治理中的实际问题，推动基层治理的创新和发展。

基层群众自治制度的健全与完善需要多方面的支持和保障。法律和政策的支持是基层群众自治制度得以顺利实施的重要保障。通过制定和完善相关法律法规，明确基层群众自治的范围、内容和程序，为基层群众自治提供法律依据和政策支持。政府的引导和支持也是基层群众自治制度顺利实施的重要保障。政府应当通过政策引导、资金支持和人员培训等方式，支持和保障基层群众自治制度的实施。基层自治组织的建设和发展是基层群众自治制度得以顺利实施的基础。通过加强基层自治组织的建设，提高基层自治组织的能力和水平，可以更好地发挥基层群众自治制度的作用。群众的参与和支持是基层群众自治制度得以顺利实施的关键。通过加强群众的民主意识教育，增强群众的主人翁意识，激发群众参与基层治理的积极性和主动性，可以更好地实现基层群众自治制度的目标。

基层群众自治制度的实施和发展需要注重创新和实践探索。通过借鉴国内外基层治理的成功经验，结合我国的实际情况，探索和创新适合我国国情的基层群众自治模式，可以为基层群众自治制度的发展提供新的路径和方法。现代信息技术的应用为基层群众自治制度的创新提供了新的机遇。通过大数据、人工智能等现代信息技术，可以提高基层群众自治的效率和效果，促进基层治理的科学化和智能化。基层群众自治制度的实施和发展还需要加强监督和评估，通过建立健全监督和评估机制，确保基层群众自治制度的公正性和透明度，可以更好地保障群众的民主权利，提高群众对基层治理的满意度和信任度。

通过不断完善和发展基层群众自治制度，可以实现基层治理的现代化和高效化，推动社会的全面进步。基层群众自治制度的建设和发展对于实现国家治理体系和治理能力现代化具有重要意义。通过基层群众自治制度，可以提高基层治理的效率和效果，增强群众对政府的信任和支持，促进社会的和谐稳定。基层群众自治制度不仅是社会主义民主政治建设的重要组成部分，更是社会主义政治文明的重要体现。通过基层群众自治制度，可以实现人民群众当家做主的政治理想，推动社会主义民主政治建设的深入发展。基层群众自治制度的建设和发展需要法律和政策的支持，政府的引导和支持，基层自治组织的建设和发展，群众的参与和支持。通过多方面的共同努力，可以实现基层群众自治制度的目标，推动社会的全面进步。

2. 基层民主实践的丰富发展

基层民主实践在当代社会中展现出丰富的发展态势，成为推动民主政治进程的重要力量。随着社会经济的发展和公民意识的觉醒，基层民主实践不仅在形式上多样化，而且在内容上不断深化。基层民主实践涵盖了基层选举、社区治理、村民自治等多个方面，展现出较高的参与度和组织化水平，为社会治理提供了有效路径。

（1）基层选举。通过公开、公平的选举机制，公民能够直接参与到公共事务的决策过程中。这种机制不仅提高了公民的政治参与热情，而且增强了公民的责任感和使命感。选举的公开透明性为政治生活注入了新的活力，使得基层权力的行使更加符合民意，有助于提升政府的公信力和合法性。在基层选举过程中，公民的投票权得到充分保障，选举程序的公开和透明使得每一位参与者都能够感受到民主的力量。选举不仅是选出基层领导者的过程，更是公民表达自己政治意愿的重要途径。通过选举，公民的声音得以传达，利益得以保障，权利得以落实。这种直接参与的形式不仅让公民更加关注公共事务，而且培养了其民主意识和参与能力。选举机制的完善和发展，为基层民主实践奠定了坚实的基础，推动民主政治的深入发展。

（2）社区治理。社区治理不仅涉及环境保护、公共卫生、治安管理等方面，还涵盖了文化教育、社会保障等内容。通过社区治理，公民能够充分表达自己的意见和诉求，并通过协商、对话等方式达成共识。这种治理模式不仅提高了公共服务的质量，而且促进了社会和谐与稳定。社区治理作为基层民主实践的重要领域，展现了公民自主参与、协同治理的生动场景。公民在社区治理中的积极参与，使得公共事务的决策和执行更加贴近实际需求，符合社区居民的利益。社区治理的多样化形式，如社区会议、居民论坛、协商对话等，为公民提供了广泛参与的渠道。通过这些渠道，公民能够直接参与到社区事务的管理和决策中，提升了社区治理的效率和质量。社区治理不仅关注当前的具体事务，更注重长远的发展和规划，通过公民的广泛参与和共同努力，社区治理的成果得以巩固和发展，为社会的整体和谐与进步做出重要贡献。

（3）村民自治。在农村地区，村民自治通过村民大会、村民代表会议等形式实现，成为村民参与公共事务的重要渠道。村民自治不仅增强了村民的自治意识和能力，而且为农村社会的现代化转型提供了重要支撑。通过村民自治，村民能够更加有效地管理自己的事务，提高了农村基层治理的效率和水平。村民自治是基层民主实践的重要组成部分，其核心在于村民自我管理、自我服务、自我教育、自我监督。通过民主选举产生的村民委员会，是村民自治的组织基础，代表全体村民的利益和意愿，承担着管理和服务村民的职责。村民自治的实现，使得农村公共事务的管理更加贴近村民的实际需求，促进了农村社会的稳定和发展。通过村民大会、村民代表会议等形式，村民的意见和建议得以充分表达，村民的参与权、知情权、表达权和监督权得以保障。村民自治不仅提高了农村基层治理的效率和水平，而且增强了村民的责任感和主人翁意识，为农村社会的现代化转型提供了坚实的基础。村民自治的发展和完善有助于提升农村社会的民主化水平，推动农村经济社会的全面进步。

基层民主实践的丰富发展不仅在形式上多样化，而且在内容上不断深化。这种实践不仅提高了公民的政治参与水平，而且对社会治理现代化具有重要意义。通过基层民主实践，公民能够更加深入地了解和参与公共事务，提高了社会治理的科学性和民主性。基层民主实践还为社会矛盾的化解提供了有效途径，通过协商、对话等方式，公民能够更加理性地表达自己的诉求，推动社会矛盾的解决。基层民主实践的发展还需要依靠全社会的共同努力，通过政府、社会组织和公民的共同参与，推动基层民主实践的深入发展。基层民主实践的发展不仅是社会进步的体现，也是民主政治发展的重要标志。通过基层民主实践，公民能够更加积极地参与到公共事务中，提高了社会治理的民主性和科学性。基层民主实践的发展有助于提升政府的公信力和合法性，为社会和谐稳定提供了重要保障。未来，基层民主实践的发展还需要依靠全社会的共同努力，通过创新和探索不断丰富和发展，推动社会治理现代化进程。

第三章　法治保障对人民民主及全面推进国家发展的作用体现

第一节　法治保障对人民民主的作用与意义

一、法治与人民民主的理论概述

法治与人民民主，作为现代国家治理的两个核心概念，它们之间存在着深刻的内在联系和相互依存的关系。以下将对法治与人民民主的理论进行详细的概述，并探讨它们之间的相互关系。

（一）法治的概念与特征

法治，作为一种社会治理方式，其核心在于以法律为最高权威，通过法律的制定、执行和监督来维护社会秩序、保障公民权利和促进社会公正。法治的定义包含多个核心要素，这些要素共同构成了法治的基本框架和特征。

法治以宪法和法律为基础，要求所有社会成员，包括国家机关、社会组织和公民个人，都必须严格遵守法律，不得有超越法律的特权。这一要素体现了法治的普遍性和平等性，即法律面前人人平等，无人可以例外。

法治强调法律的公正性和权威性。法律应当是公正、合理和可预期的，能够为公民提供明确的权利保障和义务规范。同时，法律的实施必须得到有效的监督和制约，以确保其权威性和有效性。

法治注重程序的正当性和合法性。在法治社会中，任何决策和行动都必须遵循法定的程序，以确保决策的科学性和行动的合法性。这有助于防止权力的滥用和腐败的滋生。

法治的历史发展可以追溯到古代，但现代意义上的法治则是在近代以来逐渐形成的。随着社会的进步和文明的发展，法治逐渐成为现代国家治理的基石。在现代社会中，法治不仅具有维护社会秩序和保障公民权利的功能，还具有促进经济发展和社会进步的重要意义。法治为市场经济提供了稳定的环境和规则，为公民的创新和创造提供了有力的保障。

（二）人民民主的内涵与原则

人民民主是一种基于人民主权原则的民主制度，其核心在于保障人民的政治权利和自由，实现人民对国家和社会的有效治理。人民民主的基本概念包括人民主权、民主选举、民主决策、民主管理和民主监督等方面。

人民民主的基本原则包括平等原则、自由原则、法治原则和民主集中制原则。平等原则要求所有公民在政治、经济和社会等方面享有平等的权利和机会。自由原则保障公民享有言论、出版、集会、结社等自由权利。法治原则要求国家的一切活动都必须遵守法律，保障公民的权利和自由不受侵犯。民主集中制原则则强调在民主的基础上实现集中，保障国家权力的有效运行。

人民民主的实现方式多种多样，包括选举民主、协商民主、参与式民主等。选举民主是通过定期的选举活动，让公民选择自己的代表和领导者，实现人民对国家和社会的治理。协商民主则强调在决策过程中充分听取和吸纳各方面的意见和建议，实现决策的民主化和科学化。参与式民主则鼓励公民积极参与社会事务的管理和决策，实现人民对社会的直接治理。

（三）法治与人民民主的相互关系

法治与人民民主之间存在着深刻的内在联系和相互依存的关系。法治是人民民主的制度保障，为人民民主提供了稳定的制度环境和有效的治理机制。在法治的框架下，人民的政治权利和自由得到了充分的保障，民主决策和民主监督得以有效实施。同时，法治还通过约束和制约国家权力，防止了权力的滥用和腐败的滋生，为人民民主的健康发展提供了有力的保障。

另外，人民民主是法治的价值基础。人民民主的核心在于保障人民的政治权利和自由，实现人民对国家和社会的有效治理。这一核心价值与法治的目标和追求高度契合。在人民民主的基础上，法治得以建立和发展，并为人民提供了更加公正、合理和有效的治理方式。同时，人民民主还通过不断实践和创新，为法治的完善和发展提供了源源不断的动力和支持。

二、法治保障对人民民主的具体作用

法治保障作为现代国家治理的核心要素，对人民民主发挥着至关重要的作用。以下将详细阐述法治保障在人民民主中的具体作用：

（一）法治保障人民的基本权利

在法治社会中，宪法作为国家的根本大法，对公民的基本权利进行了全面而明确的保障。宪法不仅规定了公民的政治权利和自由，如选举权、被选举权、言论自由等，还规定了公民的经济、社会和文化权利，如劳动权、受教育权、文化权利等。这些基本权利是公民作为社会成员所应享有的最基本、最重要的权利，是公民参与国家和社会事务管理、实现自我发展和进步的基础。除了宪法的保障外，法律法规还对公民的基本权利进行了细化和保护。各部门法，如民法、刑法、行政法等，都对公民的权利进行了具体而明确的规定，并为公民提供了相应的法律救济途径。当公民的权利受到侵犯时，可以依法寻求法律的保护和救济，维护自己的合法权益。这种细化和保护不仅增强了公民权利的可操作性，也提高了公民对法律的信任度和依赖度。

（二）法治促进民主决策的科学化与民主化

在法治框架下，民主决策机制得到了有效地建立和完善。法治要求决策过程必须遵循法定的程序，确保决策的合法性和正当性。同时，法治还强调决策的科学性和民主性，要求决策必须充分听取和吸纳各方面的意见和建议，确保决策的公正性和合理性。

法律法规对民主决策程序进行了详细的规定和规范。例如行政决策程序法规定了政府决策必须遵循的步骤和程序，包括问题界定、方案规划、公众参与、专家论证、风险评估、合法性审查等。这些程序的规定不仅确保了决策的合法性和正当性，也提高了决策的科学性和民主性。通过广泛的公众参与和专家论证，决策能够更加贴近实际、符合民意，从而取得更好的治理效果。

（三）法治维护民主监督的有效性

民主监督是人民民主的重要组成部分，也是保障民主决策有效实施的关键环节。在法治社会中，法治对监督权力进行了有效的制约和平衡，确保监督权力的独立性和权威性。同时，法治还为民主监督提供了有力的法律保障和制度支持。法治通过设立独立的监督机构、赋予监督机构必要的权力和资源等方式，确保监督机构能够有效地对决策和执行过程进行监督。同时，法治还要求监督过程必须遵循法定的程序和标准，确保监督的公正性和准确性。这种制约和平衡机制不仅防止了权力的滥用和腐败的滋生，也提高了民主监督的有效性和权威性。

在法治轨道上运行的民主监督能够更加有效地发挥其作用。通过法治的规范和保障，民主监督能够更加有力地制约和监督国家权力的运行，防止权力的滥用和腐败的发生。同时，法治还能够为民主监督提供有力的法律武器和制度支持，使监督者能够更加有效地履行其职责和使命。

（四）法治推动民主参与的有序化

民主参与是人民民主的重要体现，也是实现人民当家做主的重要途径。在法治社会中，法律法规对民主参与渠道进行了有效地拓展和保护，为公民提供了更多的参与机会和平台。同时，法治还对民主参与秩序进行了有效的维护和管理，确保参与的有序性和有效性。

法律法规通过设立各种参与机制和平台，如听证会、座谈会、民意调查等，为公民提供了更多的参与机会和渠道。这些机制和平台不仅增强了公民对政治和社会事务的参与度和影响力，也提高了决策的民主性和科学性。同时，法律法规还对参与过程进行了详细的规定和规范，确保参与的公正性和有效性。

法治通过维护民主参与秩序来保障参与的有效性和稳定性。在法治社会中，参与必须遵循法定的程序和规则，确保参与的合法性和正当性。同时，法治还要求参与者必须尊重他人的权利和利益，不得损害社会公共利益和他人合法权益。

这种秩序维护不仅保障了参与的有效性和稳定性，也提高了参与的文明程度和质量水平。

三、法治保障对人民民主的意义探究

法治保障与人民民主之间存在着紧密而深刻的联系。在现代国家治理体系中，法治不仅为人民民主提供了坚实的制度支撑，还是提升人民民主质量、维护社会公平正义的基石。以下将对法治保障对人民民主的意义进行深入的探究。

（一）法治保障是人民民主实现的重要途径

1. 法治为人民民主提供制度支撑

法治，作为现代国家治理的基石，其核心在于通过法律来规范国家权力的运行，保障公民的权利和自由。在人民民主的实现过程中，法治提供了必要的制度框架和规则体系。宪法作为国家的根本大法，明确规定了公民的基本权利和自由，如选举权、被选举权、言论自由、结社自由等。这些权利是人民民主的基础，也是公民参与国家和社会事务管理的前提。宪法的存在为人民民主提供了最高的法律保障。除了宪法之外，各种具体的法律法规也为人民民主提供了详细的制度支撑。例如：选举法规定了选举的程序和规则，确保选举的公正性和合法性；行政法规定了行政机关的组织、职权和行使职权的程序，确保行政机关依法行政，保障公民的合法权益；监督法规定了监督机关的组织、职权和监督程序，确保对国家机关及其工作人员的监督有效进行。这些法律法规的存在为人民民主的实现提供了具体的制度保障。

法治还通过设立独立的司法机关和公正的司法程序来保障人民民主的实现。司法机关作为法律的守护者，其独立性和公正性是法治社会的重要标志。通过公正的司法程序，公民可以维护自己的合法权益，监督国家机关及其工作人员的行为，从而确保人民民主的有效实现。

2. 法治保障人民民主的持续稳定发展

人民民主的实现不仅需要一个坚实的制度支撑，还需要一个稳定的发展环境。法治在保障人民民主的持续稳定发展方面发挥着至关重要的作用。

法治通过规范国家权力的运行来保障人民民主的稳定发展。在法治社会中，国家权力的运行必须遵循法定的程序和规则，不得任意侵犯公民的权利和自由。这种规范确保了国家权力的合法性和正当性，防止了权力的滥用和腐败的滋生。从而为人民民主提供了一个稳定、有序的发展环境。

另外，法治通过保障公民的权利和自由来促进人民民主的发展。在法治社会中，公民的权利和自由得到了充分的保障和实现。公民可以依法参与国家和社会事务的管理，表达自己的意见和诉求。这种广泛的参与不仅增强了公民对政治的认同感和归属感，也提高了政治决策的科学性和民主性，从而为人民民主的发展注入了新的活力和动力。

法治还通过解决社会矛盾和纠纷来维护人民民主的稳定。在社会生活中，矛盾和纠纷是不可避免的。当公民的权益受到侵害时，可以依法寻求法律的保护和救济。这种及时的法律救济不仅有效地维护了公民的合法权益，也防止了矛盾的激化和社会的动荡，从而为人民民主的稳定发展提供了有力的法治保障。

（二）法治保障是提升人民民主质量的关键环节

1. 法治促进民主制度的完善与优化

民主制度作为人民民主的重要载体，其完善与优化程度直接影响着人民民主的质量，而法治在这一过程中发挥着至关重要的推动作用。

（1）法治为民主制度提供了坚实的法律基础。在法治的框架下，民主制度得以通过法律的形式得以确立和巩固，从而获得了更高的稳定性和权威性。这种法律基础确保了民主制度不会被轻易改变或废除，为人民民主的长期稳定发展提供了有力保障。

（2）法治推动了民主制度的不断创新与发展。随着社会的不断进步和人民需求的不断变化，民主制度也需要与时俱进地进行改革和完善，而法治在这一过程中发挥着重要的引导作用。它通过为民主制度的改革提供明确的法律指导和规范，确保了改革的合法性和正当性，从而推动了民主制度的不断创新与发展。

（3）法治还通过强化民主制度的监督机制来保障其有效运行。在法治社会中，民主制度的运行必须受到严格的法律监督，以确保其不偏离人民民主的根本目标。这种监督机制的存在有效地防止了民主制度的滥用和扭曲，保障了其为人民民主服务的根本宗旨。

2. 法治提升民主实践的效能与水平

民主实践是人民民主的具体体现，其效能与水平直接影响着人民民主的实现程度。而法治在提升民主实践效能与水平方面发挥着至关重要的作用。

（1）法治为民主实践提供了明确的法律指导和规范。在法治的框架下，民主实践必须遵循法定的程序和规则，确保其合法性和正当性。这种明确的法律指导和规范为民主实践提供了清晰的方向和路径，提高了其效能和水平。

（2）法治通过保障公民的政治参与权利来提升民主实践的效能。在法治社会中，公民的政治参与权利得到了充分的保障和实现。公民可以依法参与选举、决策、管理和监督等民主实践环节，表达自己的意见和诉求。这种广泛的政治参与不仅增强了公民对政治的认同感和归属感，也提高了民主实践的科学性和民主性。

（三）法治保障是维护社会公平正义的基石

1. 法治保障社会公平正义的实现

社会公平正义是人类社会的共同追求，也是衡量一个国家或社会文明程度的重要标准。在现代社会，法治被认为是实现社会公平正义的最佳途径。

法治通过制定和实施公平、公正的法律来为社会公平正义提供制度保障。法律是社会行为的规范，它规定了公民的权利和义务，确保了每个人在社会中都能享有平等的地位和机会。在法治社会中，法律面前人人平等，无论贫富贵贱，每个人都必须遵守法律，也都受到法律的保护。这种基于法律的平等和公正为社会公平正义的实现奠定了坚实的基础。

同时，法治通过打击违法犯罪行为来维护社会公平正义。在社会生活中，总会存在一些破坏公平正义的行为，如盗窃、诈骗、腐败等。这些行为不仅侵犯了他人的权益，也破坏了社会的和谐与稳定。法治通过设立独立的司法机关和公正的司法程序，对这些违法犯罪行为进行打击和制裁，从而维护了社会的公平正义。

法治还通过提供公正、高效的纠纷解决机制来化解社会矛盾，维护社会公平正义。在社会生活中，由于各种原因，人们之间总会产生一些纠纷和矛盾。如果这些纠纷和矛盾得不到及时、公正的解决，就可能导致社会的不稳定和公平正义的缺失。法治通过提供诉讼、仲裁等纠纷解决机制，为人们提供了一个公正、高效的平台来化解矛盾、维护权益，从而实现了社会公平正义。

2. 法治在人民民主中的价值体现

在人民民主的背景下，法治的价值得到了更加充分的体现。它不仅为人民民主提供了坚实的制度支撑，还在推动人民民主的发展、保障人民权益等方面发挥了重要作用。

（1）法治为人民民主提供了稳定的制度环境。在法治的庇护下，人民民主的制度得以有效运行，不受外部干扰和破坏。这种稳定的制度环境为人民民主的长期稳定发展提供了有力保障。同时，法治还通过不断完善和优化民主制度，推动人民民主的不断进步和发展。

（2）法治保障了人民在民主实践中的平等地位和权益。在法治社会中，每个人都享有平等的政治权利和自由，可以依法参与选举、决策、管理和监督等民主实践环节。这种平等的政治参与不仅增强了人民对政治的认同感和归属感，也提高了民主实践的科学性和民主性。同时，法治还通过打击破坏民主实践的行为，保障了人民在民主实践中的合法权益。

（3）法治在人民民主中发挥了重要的教育引导作用。通过法治的宣传和教育，人民可以更加深入地了解民主的重要性和意义，掌握参与民主实践的基本知识和技能。这种教育引导作用不仅提高了人民的政治素养和民主意识，也促进了民主实践的深入发展和广泛普及。在法治的引导下，人民更加积极地参与到民主实践中来，为人民民主的发展注入了新的活力和动力。

（4）法治在人民民主中还发挥了重要的监督作用。这种监督机制的存在有效地防止了民主实践的滥用和扭曲，保障了其为人民民主服务的根本宗旨。同时，这种监督机制还促进了民主实践的公开透明和公正公平，增强了人民对民主实践的信任和支持。

第二节　法治保障对国家治理体系和治理能力现代化的推动作用

一、国家治理体系现代化的法治基础

（一）法治思维融入治理全过程

国家治理现代化的过程中，法治思维的融入无疑是其核心要素之一，它标志着国家治理方式由传统的人治向现代的法治转型。法治思维，作为一种理性、规则导向的思维方式，不仅体现了对法律的尊重与信仰，更强调了法律在国家治理中的基础性和主导性作用。这一过程不仅涉及法律制度的完善，更在于将法治理念深深植根于国家治理的每一个环节，使之成为国家治理的基本遵循。

法治思维，简而言之，是指在决策、执行、监督等治理活动中，始终秉持法律至上、公平正义、权利保障、权力制约等原则，以法律规范为行为准则，以法治方式解决问题的一种思维方式。它要求治理主体在行使公权力时，必须严格遵循法定权限和程序，确保每一项决策、每一项行动都有明确的法律依据，都符合法治精神。法治思维的核心特征包括：一是法律至上性，即法律具有至高无上的权威，任何个人和组织都必须在法律框架内行动；二是规则导向性，强调以明确的规则作为行为指南，减少随意性和不确定性；三是权利保障性，注重保护公民的基本权利和自由，防止公权力对私权利的侵犯；四是权力制约性，通过制度设计实现对公权力的有效监督和制约，防止权力被滥用。

将法治思维融入国家治理全过程，是国家治理现代化的必然要求。首先，随着全球化的深入发展和我国社会经济的快速转型，国家治理面临着前所未有的复杂性和挑战性。传统的治理方式已难以适应新形势下的治理需求，迫切需要以法治思维引领治理变革。其次，法治是维护社会稳定、促进公平正义的重要保障。将法治思维融入国家治理，有助于减少社会矛盾，增进社会和谐，为经济社会发展营造良好的法治环境。最后，法治思维强调规则意识和程序正义，有助于提升国家治理的科学性和民主性，增强治理的公信力和执行力。

法治思维成为国家治理的基本遵循，主要体现在以下方面：

第一，立法层面的融入。立法是法治的起点和基础。将法治思维融入国家治理，首先要在立法层面下功夫。这要求立法机关在制定法律法规时，必须充分体现法治精神，确保法律法规的科学性、合理性和可操作性。同时，要注重听取民意、汇聚民智，使法律法规更加贴近实际、贴近生活、贴近群众。此外，还应加强对立法工作的监督，确保立法质量，防止部门利益法制化等问题的发生。

第二，执法层面的落实。执法是法治的关键环节。将法治思维融入国家治理，必须强化执法机关的法治观念，确保严格执法、公正司法。执法机关在履行职责时，必须遵循法定权限和程序，不得超越法律授权范围行使权力。同时，要加强执法队伍建设，提高执法人员的法律素养和执法能力。此外，还应建立健全执法监督机制，加强对执法行为的监督和制约，防止执法不公、执法不严等问题的发生。

第三，司法层面的保障。司法是维护社会公平正义的最后一道防线。将法治思维融入国家治理，必须充分发挥司法的保障作用。这要求司法机关在审判案件时，必须坚持以事实为根据、以法律为准绳的原则，确保判决结果的公正性和权威性。同时，要加强司法体制改革，推进审判权和执行权的分离与制约，提高司法效率和公信力。此外，还应加强对司法人员的职业道德教育和业务能力培训，提升司法队伍的整体素质。

第四，守法层面的普及。守法是法治社会的基础。将法治思维融入国家治理，必须注重培养全社会的法治意识。这要求加强法治宣传教育，普及法律知识，提高公民的法律素养和守法意识。同时，要加强诚信体系建设，营造诚实守信的社会氛围。此外，还应建立健全守信激励和失信惩戒机制，引导公民和企业自觉遵守法律法规和社会公德。

第五，监督层面的强化。监督是确保法治实施的重要保障。将法治思维融入国家治理，必须建立健全完善的监督机制。这要求加强人大监督、政协监督、司法监督、社会监督等多种监督形式的有机结合，形成监督合力。同时，要畅通监督渠道，鼓励和支持人民群众依法参与监督活动。此外，还应加强对监督结果的运用和反馈机制建设，确保监督工作的实效性和针对性。

近年来，我国在推进国家治理现代化的过程中，不断将法治思维融入国家治理全过程。通过加强立法工作、推进依法行政、深化司法体制改革、加强法治宣传教育等一系列措施的实施，我国法治建设取得了显著成效。这些成效不仅体现在法律制度的不断完善和司法公正性的提升上，更体现在全社会法治意识的普遍增强和法治环境的持续优化上。

（二）法律体系支撑治理体系完善

在国家治理现代化的进程中，法律体系作为制度框架的基础，对于支撑治理体系的完善起着至关重要的作用。科学立法，作为法律体系构建与完善的首要环节，不仅关乎法律的质量，更直接影响到国家治理的效能与公正性。

科学立法，顾名思义，是指立法活动应遵循科学的原则和方法，确保所立之法既符合客观规律，又适应社会发展的需要。具体而言，科学立法要求立法者在立法过程中，必须充分考虑法律的内在逻辑、外部环境和实施效果，确保法律条文之间协调一致，与宪法精神相吻合，并能够有效解决实际问题。科学立法的基本要求包括：一是立法目的明确，即立法应围绕国家治理的实际需求，明确解决什么问题、达到什么目的；二是立法程序规范，即立法过程应遵循法定程序，保障公众的广泛参与和充分讨论；三是立法内容科学，即法律条文应严谨周密、可操作性强，能够准确反映社会现实和未来发展趋势；四是立法技术先进，即运用现代科技手段提高立法效率和质量，如利用大数据分析社会热点问题和立法需求。

与此同时，法律体系是国家治理体系的重要组成部分，它为国家治理提供了基本的制度框架和规则依据。一个完善的法律体系能够为国家治理提供稳定的预期和明确的指引，减少治理过程中的随意性和不确定性。同时，法律体系还通过明确权利与义务、规范权力运行等方式，保障公民的基本权利和自由，维护社会秩序和公共利益。治理体系则是指国家为实现其治理目标而构建的一系列制度、机制、程序和规范的总和。治理体系的完善程度直接影响到国家治理的效能和水平。一个完善的治理体系需要法律体系的支撑和保障，通过法律手段来规范治理行为、强化治理权威、提升治理效率。

1. 科学立法填补治理空白的作用

随着社会的快速发展和变革，新的社会问题和社会关系不断涌现，国家治理面临着诸多新的挑战和机遇。然而，传统的法律体系往往难以完全适应这些新变化，导致在某些领域出现治理空白。科学立法正是填补这些空白的有效途径。

（1）科学立法能够及时发现并解决新兴社会问题。通过广泛调研、深入分析、科学预测等手段，立法者能够准确把握社会热点问题和治理需求，及时制定相应的法律规范，从而有效应对新兴社会问题带来的挑战。

（2）科学立法能够完善现有法律体系的结构和布局。针对传统法律体系中的薄弱环节和不足之处，立法者可以通过科学立法加以弥补和完善。例如针对环境保护、网络安全、人工智能等新兴领域，及时制定相关法律规范，确保这些领域的治理有法可依、有章可循。

（3）科学立法还能够推动治理理念的更新和治理方式的创新。通过引入先进的立法理念和技术手段，立法者可以推动国家治理向更加科学、民主、法治的方向发展。例如通过制定参与式立法、协商式立法等制度规范，鼓励公众参与立法过程，提高立法的民主性和透明度；通过运用大数据、人工智能等现代科技手段提高立法效率和质量，推动国家治理的智能化和精细化。

2. 科学立法优化治理结构的作用

治理结构是指国家治理体系中各主体之间的关系和权力配置方式。一个优化的治理结构能够确保国家治理的高效运行和公正性。科学立法在优化治理结构方面发挥着重要作用。

（1）科学立法能够明确各治理主体的职责和权限。通过制定相关法律法规明确政府、市场、社会等治理主体的职责范围和权力边界，避免因职责不清、权限不明等问题导致的治理混乱和效率低下。同时，通过建立健全的协调机制和监督机制确保各治理主体之间的协同配合和相互制约关系得到有效维护。

（2）科学立法能够推动治理方式的创新和变革。传统的治理方式往往过于依赖行政手段和经济手段而忽视法律手段的运用。科学立法通过强化法律手段在治理中的作用推动治理方式的创新和变革。例如，通过制定严格的法律规范和执法程序加强对违法行为的打击力度提高违法成本；通过建立健全的法律援助制度和司法救助制度保障弱势群体的合法权益等。

（3）科学立法还能够促进治理文化的形成和发展。治理文化是指国家治理过程中所形成的一系列价值观念和行为规范的总和。科学立法通过倡导法治精神、弘扬法治文化推动全社会形成尊重法律、遵守法律的良好风尚。这种法治文化的形成不仅有助于提高公民的法治意识和法律素养还有助于增强公民对国家治理的信任和支持，从而为国家治理提供更加坚实的群众基础和社会基础。

二、法治保障对国家治理能力的推动作用

（一）依法行政与决策科学化

在现代国家治理体系中，法治政府的建设是实现国家治理体系和治理能力现代化的关键一环。依法行政作为法治政府的核心要义，不仅要求政府行为必须严格遵循法律法规，更强调政府决策过程的科学性、民主性和合法性。

依法行政，简而言之，就是政府的一切行政行为都必须在法律的框架内进行，不得超越法律的授权范围，也不得违反法律的基本原则和精神。这一原则的确立，是法治政府建设的基石，也是保障公民权利、维护社会公平正义的基本要求。依法行政不仅规范了政府权力的行使边界，还为政府决策提供了明确的法律指引和约束。

1. 依法行政促进政府决策的科学性

（1）法律框架内的理性决策。依法行政要求政府在决策前必须充分调研、科学论证，确保决策符合客观规律和社会发展实际。这一过程促使政府摒弃经验主义和主观臆断，转而依靠数据分析和专家咨询等科学方法，从而提高决策的科学性。例如在制定经济政策时，政府会依据宏观经济数据、行业发展趋势及国际经验等因素进行综合分析，确保政策既符合国情又具有国际竞争力。

（2）风险评估与防范机制。依法行政还强调政府在决策过程中必须建立健全风险评估与防范机制。这意味着政府在做出重大决策前，须对可能产生的风险进行全面评估，并制定相应的应对措施。这一机制有助于政府及时发现并规避潜在

风险，确保决策的稳定性和可持续性。例如在推进环保项目时，政府会提前进行环境影响评估，确保项目不会对生态环境造成不可逆的损害。

2. 依法行政促进政府决策的民主性

（1）公众参与与意见征询。依法行政鼓励政府在决策过程中广泛听取民意、吸纳公众智慧。通过召开听证会、座谈会、网络问政等形式，政府能够及时了解公众需求、收集社会意见，使决策更加贴近民生、反映民意。这种公众参与机制不仅增强了决策的民主性，还提高了公众对政府的信任度和支持度。例如在城市规划过程中，政府会邀请居民代表、专家学者等各方利益相关者共同参与讨论，确保规划方案兼顾各方利益。

（2）多元协商与利益协调。依法行政还促进了政府决策过程中的多元协商和利益协调。在面对复杂的社会问题时，政府不再是单一的决策者，而是需要与社会组织、企业、媒体等多方力量进行协商合作。这种协商机制有助于平衡各方利益诉求，找到各方都能接受的解决方案。例如在处理土地征收问题时，政府会与农民代表、开发商等进行多轮协商谈判，确保补偿方案合理公正且符合各方利益。

3. 依法行政促进政府决策的合法性

（1）法律授权的明确性。依法行政要求政府在决策前必须明确自身的法律授权范围。任何超出法律授权范围的决策都是违法的。这种明确的法律授权机制确保了政府决策的合法性基础。政府在做出决策时，必须严格依据法律法规进行审查把关，确保决策内容符合宪法和法律的规定。例如在推进改革措施时，政府会事先对改革方案进行合法性审查，确保改革措施不违背宪法和法律的基本原则。

（2）决策程序的正当性。依法行政还强调政府决策程序的正当性。这要求政府在决策过程中必须遵循法定程序进行公开透明的操作，包括决策信息的公开披露、决策过程的公众参与及决策结果的及时反馈等环节。这种正当的程序安排不仅保障了公众的知情权、参与权和监督权，还增强了政府决策的权威性和公信力。例如在制定行政法规时政府会公开征求社会各界意见并举行立法听证会等程序，确保法规内容的公正合理且符合公众期待。

（二）司法公正与社会公信力

司法公正作为法治社会的重要基石，不仅是维护社会公平正义的最后一道防线，也是增强社会信任、提升政府公信力的重要途径。在一个健康的社会治理体系中，司法公正不仅关乎个体权益的保障，更直接关系到社会的和谐稳定与政府的权威形象。

司法公正，简而言之，是指在司法活动中，司法机关及其工作人员严格按照法律规定，公正、平等地对待每一位当事人，确保案件得到公正处理的过程和结果。它不仅要求实体公正，即案件处理结果符合实体法的规定，实现罪刑相适应、权利义务相当；也要求程序公正，即司法过程的公开透明、当事人的充分参与及裁判者的中立无偏。

司法公正的价值，具体体现在四个层面：①保障人权。司法公正是人权保障的重要体现，它通过确保每个人在法律面前一律平等，不受种族、性别、社会地位等因素的影响，从而有效维护公民的基本权利和自由；②维护秩序。公正司法有助于减少社会冲突和矛盾，通过合理的纠纷解决机制，恢复被破坏的社会关系，维护社会稳定和秩序；③促进发展。一个公正、透明的司法环境能够吸引投资、激发创新，为经济社会发展提供良好的法治保障；④增强信任。司法公正能够增强公众对法律的信仰和对司法机关的信任，为构建和谐社会奠定坚实的信任基础。

1. 公正司法对社会矛盾的化解作用

（1）提供权威纠纷解决机制。司法是解决社会纠纷的最后手段，具有终局性和权威性。当其他非诉讼纠纷解决方式无法有效化解矛盾时，公正司法能够提供一个中立、权威的第三方裁决平台，确保矛盾双方得到公平对待。通过严格的法律程序和证据规则，司法机关能够准确认定事实、正确适用法律，做出令人信服的裁判，从而有效平息纷争。

（2）平衡利益冲突。社会矛盾往往源于利益冲突。公正司法通过依法裁判，明确界定各方权利义务关系，合理分配社会资源，平衡不同利益主体之间的需求。在处理涉及多方利益的复杂案件时，司法机关能够综合考虑各种因素，寻求各方都能接受的解决方案，从而有效缓解利益冲突，促进社会和谐。

（3）引导社会价值观。司法裁判不仅是对个案的处理结果，更是对社会价值观的引导和塑造。公正司法通过具体案件的审理和裁判，向全社会传递公平正义的价值理念，引导公众形成正确的道德观念和法律意识。这种价值观的引导有助于减少因认知差异和道德冲突引发的社会矛盾，促进社会的文明进步。

2. 公正司法对提升政府公信力的作用

（1）树立政府权威形象。政府公信力是政府在社会公众心目中的信任度和权威性的体现。公正司法作为政府法治建设的重要组成部分，直接关系到政府的形象和权威。一个能够确保司法公正的政府，必然能够在公众心中树立起依法行政、公正执法的良好形象，从而增强政府的权威性和公信力。

（2）增强公众信任感。公正司法能够让公众感受到法律的权威和力量，增强对法律制度的信任感。当公众看到司法机关能够公正无私地处理案件、保护公民权益时，他们会更加相信法律是维护自身权益的有力武器，从而更加积极地参与到法治建设中来。这种信任感的增强有助于提升政府公信力，因为公众会认为政府是真正为人民服务的政府，值得信赖和支持。

（3）促进政府决策的科学性与合法性。公正司法不仅是对个案的公正处理，更是对政府决策合法性和科学性的重要监督。通过司法审查等机制，司法机关能够对政府决策进行合法性审查和监督，确保政府决策符合宪法和法律的规定。这种监督作用有助于防止政府权力的滥用和决策失误，提高政府决策的科学性和合法性水平。当政府决策得到司法机关的认可和支持时，公众会更加相信政府的决策是公正合理的，从而进一步提升政府公信力。

（三）法治社会培育与公民参与

法治社会的建设不仅是国家治理体系和治理能力现代化的重要组成部分，更是推动社会公正、维护社会稳定、促进公民权利实现的关键路径。在这一过程中，公民参与作为法治社会的重要特征之一，对于增强社会凝聚力、提升社会治理效能具有不可估量的价值。

法治社会，简而言之，是一个以法律为基石，法律规则得到普遍遵守，法律权威得到广泛认同的社会状态。其核心要素包括完备的法律体系、公正的司法体系、高效的执法机制及普遍的守法意识。这些要素相互作用，共同构成了法治社会的坚实基础。公民参与，则是指公民通过合法途径参与社会公共事务的管理和决策过程，表达自己的意见和诉求，影响公共政策的制定和执行。公民参与不仅有助于保障公民的权利和自由，增强公民的社会责任感，还能促进政府决策的民主化、科学化，提升社会治理的透明度和公信力。

1. 法治社会对公民参与的促进作用

（1）法律保障：为公民参与提供制度基础。法治社会通过构建完善的法律体系，为公民参与提供了坚实的制度保障。一方面，宪法和法律明确了公民的基本权利和义务，包括参与国家政治生活、社会管理和公共服务的权利。这为公民参与提供了明确的法律依据和保障；另一方面，法治社会强调法律的普遍约束力和平等保护原则，确保所有公民在法律面前一律平等，不受任何歧视和偏见。这种平等的法律地位激发了公民的参与热情和信心。

（2）信息公开：增强公民参与的透明度。在法治社会中，政府信息公开是保障公民知情权、参与权和监督权的重要途径。政府通过官方网站、新闻发布会、社交媒体等多种渠道及时发布政策信息、项目进展和决策依据等内容，使公民能够全面了解政府工作动态和社会治理情况。这种信息公开机制不仅提高了政府工作的透明度和公信力，还为公民提供了参与社会治理的机会和平台。公民可以根据获取的信息发表意见、提出建议甚至参与决策过程，从而增强社会治理的民主性和科学性。

（3）协商民主：拓宽公民参与的渠道。协商民主是法治社会建设中的重要组成部分，它通过搭建多元主体之间的沟通协商平台，促进不同利益群体之间的理解和共识。在协商民主机制下，政府、社会组织、企业和公民等各方可以围绕特定议题展开深入讨论和交流意见。这种协商过程不仅有助于发现问题、分析问题并提出解决方案，而且能够增强公民对政府决策的理解和认同。同时协商民主还鼓励公民积极参与社会治理过程提出建设性意见和建议为政府决策提供有力支持。

2. 公民参与对提升社会治理效能的作用机制

（1）增强社会凝聚力。公民参与社会治理的过程是公民与政府之间互动的过程。通过参与社会治理公民能够更加深入地了解政府工作的艰辛和复杂，认识到政府决策背后的考量和权衡。这种互动有助于增进公民对政府工作的理解和支持，增强社会凝聚力。同时公民在参与过程中还能够结识志同道合的朋友，形成共同的价值观念和行为准则，进一步巩固社会团结和稳定的基础。

（2）提升政策执行力。公民参与社会治理有助于提升政府政策的执行力和有效性。一方面，公民通过参与政策制定过程能够提出更加符合实际情况和公众需求的政策建议，使政策更加贴近民生、接地气。另一方面，公民在参与政策执行过程中能够发挥监督作用及时发现和纠正政策执行中的偏差和问题，确保政策目标得以顺利实现。此外，公民还可以通过志愿服务、公益活动等方式积极参与政策实施过程，为政策执行提供有力支持。

（3）促进社会治理创新。公民参与社会治理还能够激发社会治理创新的活力。在参与过程中公民能够发现社会治理中存在的问题和不足提出改进意见和建议。这些意见和建议往往来源于实践、贴近民生，具有较强的针对性和可操作性。政府可以根据这些意见和建议及时调整和完善社会治理策略和措施，推动社会治理创新和发展。同时公民还可以通过自主组织、自我管理等方式探索社会治理的新模式和新方法，为社会治理创新提供有力支持。

第三节　法治保障对社会稳定和国家发展的重要保障作用

一、社会稳定的法治根基

（一）法治维护社会秩序

法治，作为现代国家治理的基本方略，其核心在于通过法律的权威性和普遍性来规范社会成员的行为，确保社会秩序的和谐与稳定。在探讨法治如何维护社会秩序的过程中，不得不提及法治在规范社会行为、预防犯罪方面所发挥的关键作用。这一机制不仅体现了法治的基本功能，也是社会稳定与发展的重要基石。

社会秩序，简而言之，是指社会生活中相对稳定、有序的状态，它依赖于一系列社会规范来维系，而法治则是这些规范中最为核心和权威的一种。法治通过制定明确的法律规则，为社会成员提供了行为指南，使得人们能够预知自己行为的法律后果，从而自觉调整自己的行为方式，避免触碰法律红线。这种预见性和规范性是法治维护社会秩序的基础。

1. 法治规范社会行为

（1）明确行为边界，减少不确定性。法治通过制定详尽的法律条文，明确规定了哪些行为是合法的、哪些行为是违法的，为社会成员划定了清晰的行为边界。这种明确性减少了人们在行为选择上的不确定性，使得人们能够在法律框架内自由行动而不必担心受到不公正的惩罚。同时，它也促使人们更加尊重他人的权利和自由，避免侵犯行为的发生。

（2）强化法律权威，树立规则意识。法治强调法律的至高无上性和普遍约束力，任何个人和组织都不得凌驾于法律之上。这种权威性的树立使得法律成为社会治理的主要手段，人们开始习惯于用法律思维来审视和解决问题。在法律权威的引导下，社会成员逐渐形成了遵守规则、尊重法律的自觉意识，这种规则意识是社会秩序稳定的重要基石。

（3）促进公平正义，消除社会不公。法治通过确保法律的公正适用和严格执行，维护了社会的公平正义。在法治社会中，无论个人或组织的地位如何，都必须接受法律的平等对待。这种平等性消除了特权和歧视现象的存在空间，使得社会成员能够在公平竞争的环境中追求自己的利益。公平正义的实现不仅增强了人们对社会的信任感，也为社会秩序的稳定提供了有力保障。

2. 法治预防犯罪

（1）完善法律体系，堵塞犯罪漏洞。法治通过不断完善法律体系来预防犯罪的发生。一方面，立法机关会根据社会发展的需要和犯罪形势的变化及时制定或修改相关法律条文，确保法律体系的科学性和有效性；另一方面，法律条文的明确性和可操作性也提高了对犯罪行为的打击力度和预防效果。例如针对新型网络犯罪、金融犯罪等新型犯罪形态的出现，法律会及时做出回应，制定相应的防范措施和处罚规定以减少这类犯罪的发生。

(2) 加强法治教育，提高公民素质。法治教育是提高公民法律意识和预防犯罪的重要途径。通过普及法律知识、宣传法治理念等方式可以增强公民对法律的认同感和遵守法律的自觉性。同时法治教育还能够引导公民树立正确的价值观和道德观，使他们能够自觉抵制不良诱惑和犯罪行为，从而从源头上减少犯罪的发生。因此加强法治教育是提高公民素质、预防犯罪的重要举措之一。

(3) 强化执法力度，打击犯罪活动。法治通过强化执法力度来有效打击犯罪活动维护社会稳定。执法机关会严格按照法律规定对犯罪行为进行查处和打击，确保法律的严肃性和权威性不受侵犯。同时执法机关还会加强对重点区域、重点人群的监控和管理，及时发现并制止潜在的犯罪行为。此外，执法机关还会加强与司法机关的协作配合形成打击犯罪的合力，共同维护社会稳定和安全。

长期以来，我国坚持依法治国方略，不断完善法律体系，加强法治宣传教育，强化执法力度，取得了显著成效。一方面，社会秩序得到了有效维护，各类违法犯罪行为得到了有力打击；另一方面，公民的法律意识和规则意识也得到了显著提升，社会风气更加文明和谐。这些成效的取得离不开法治在规范社会行为、预防犯罪方面所发挥的重要作用。

(二) 法治化解社会矛盾

在复杂多变的社会环境中，社会矛盾与冲突难以避免，如何有效化解这些矛盾，维护社会稳定与和谐，成为国家治理的重要课题。法治，作为现代社会治理的基本方式，其在调解纠纷、保障弱势群体权益方面发挥着不可替代的作用。

1. 法治在调解纠纷中的核心作用

(1) 提供权威、公正的纠纷解决平台。法治社会为公民提供了一个权威、公正的纠纷解决平台，即司法系统。在这个平台上，当事人可以依据法律规定，通过诉讼、仲裁等方式解决争议。司法程序的独立性和公正性确保了纠纷处理的公平性和合法性，使得当事人对处理结果具有较高的接受度，从而有效减少了因纠纷处理不当而引发的更大冲突。

（2）明确纠纷解决的法律依据与标准。法治社会中的法律体系为纠纷解决提供了明确的法律依据和标准。无论是民事纠纷还是行政争议，都有相应的法律法规作为处理依据。这些法律法规不仅规定了当事人的权利义务，还明确了纠纷解决的具体程序和方式。这种明确性有助于减少纠纷处理中的主观性和随意性，提高纠纷解决的效率和公正性。

（3）促进纠纷双方理性对话与协商。法治不仅强调法律的权威性和公正性，还注重通过法律手段促进纠纷双方的理性对话与协商。在司法实践中，调解作为一种重要的纠纷解决方式，鼓励当事人在法律框架内通过协商达成和解协议。这种方式不仅有助于快速解决纠纷，还能增进当事人之间的理解和信任，减少因诉讼而产生的负面影响。

2. 法治在保障弱势群体权益中的关键作用

（1）明确弱势群体法律保护范围与标准。法治社会通过制定和完善相关法律法规，明确了弱势群体的法律保护范围与标准。这些法律通常包括反歧视法、劳动法、社会保障法等，旨在保障弱势群体在教育、就业、医疗、养老等方面的基本权益。通过明确法律保护范围与标准，法治为弱势群体提供了坚实的法律盾牌，防止其权益受到侵犯。

（2）提供法律援助与司法救助服务。针对弱势群体在经济条件、法律知识等方面的不足，法治社会建立了法律援助与司法救助制度。这些制度为弱势群体提供了免费的法律咨询、代理诉讼等服务，帮助他们维护自身权益。法律援助与司法救助制度的实施，不仅减轻了弱势群体的经济负担，还提高了他们通过法律途径解决纠纷的能力和信心。

（3）强化政府对弱势群体的支持与保护责任。法治社会强调政府在保障弱势群体权益方面的责任与义务。通过制定和实施相关政策措施，政府可以为弱势群体提供更多的社会支持和服务。例如通过增加社会保障投入、提高最低生活保障标准、完善医疗保障体系等方式，政府可以切实改善弱势群体的生活状况，提高其社会融入感和幸福感。

3. 法治化解社会矛盾的重要机制

为了更有效地化解社会矛盾，法治社会倡导构建多元化纠纷解决机制。这种机制包括诉讼、仲裁、调解等多种方式，旨在根据纠纷的具体情况和当事人的需求选择最合适的解决途径。通过多元化纠纷解决机制的构建，法治社会既能够保障纠纷处理的公正性和效率性，又能够满足不同当事人的多元化需求。

社会组织在化解社会矛盾、保障弱势群体权益方面发挥着重要作用。法治社会鼓励和支持社会组织参与纠纷调解、法律援助等工作，通过发挥其专业优势和社会影响力，推动社会矛盾的有效化解。同时，社会组织还可以对政府行为进行监督，确保其依法履行职责、保障弱势群体权益。

为了提高公民的法治意识和法律素养，法治社会需要加强法治宣传与教育工作。通过广泛开展法治宣传教育活动，普及法律知识、弘扬法治精神，引导公民树立正确的法治观念和行为习惯。同时，还需要加强对青少年的法治教育，培养他们的法律意识和责任感，为未来的社会和谐稳定奠定坚实基础。

二、国家发展的法治护航

（一）法治保障经济持续健康发展

在当今全球化的经济格局中，法治已成为衡量一个国家或地区营商环境优劣的重要指标之一。一个健全、透明的法治环境不仅能够为本土企业创造稳定的发展空间，更是吸引外资、保护知识产权、促进市场公平竞争的关键因素。

1. 法治环境对吸引外资的重要作用

（1）法治为外资提供稳定预期。外资企业在选择投资目的地时，首要考虑的是投资环境的稳定性和可预测性。法治环境通过明确、稳定的法律规则，为外资企业提供了清晰的投资预期。这种预期不仅体现在税收政策、市场准入条件等具体规定上，更体现在法律执行的公正性和透明度上。外资企业更倾向于选择那些法治健全的国家或地区进行投资，以确保其合法权益得到法律的充分保障。

（2）法治保障外资企业的平等权益。在法治社会中，外资企业享有与本土企业同等的法律地位和保护。这意味着外资企业在市场准入、税收待遇、知识产权保护等方面不会受到歧视性对待。此外，当外资企业的合法权益受到侵害时，他们可以通过法律途径寻求救济，确保自身权益得到及时、有效的维护。这种平等的法律保障是吸引外资的重要因素之一。

（3）法治促进外资政策的透明度和可预见性。法治要求政府制定和执行外资政策时保持高度的透明度和可预见性。这意味着外资企业在投资前能够充分了解相关政策规定及其潜在影响，从而做出更加理性的投资决策。同时，透明度和可预见性的提升也有助于减少外资企业在经营过程中面临的不确定性风险，提高其投资信心和安全感。

2. 法治在保护知识产权方面的关键作用

（1）法治为知识产权提供强有力的法律保障。知识产权是企业创新的核心资产之一。法治通过制定和实施一系列知识产权法律法规，为企业的专利、商标、著作权等知识产权提供强有力的法律保障。这些法律不仅明确了知识产权的归属和权利范围，还规定了侵权行为的法律责任和处罚措施。当企业的知识产权受到侵害时，他们可以依法追究侵权者的法律责任并获得相应的赔偿。

（2）法治促进知识产权的创造、运用和保护。法治环境不仅关注知识产权的保护还积极推动知识产权的创造、运用和保护。通过完善知识产权申请、审查、授权等程序，以及加强知识产权信息服务平台建设等措施，法治环境为创新主体提供了更加便捷、高效的知识产权服务。同时法治还鼓励企业通过知识产权质押融资、转让许可等方式实现知识产权的价值最大化，从而促进科技创新和产业升级。

（3）法治提升知识产权保护的国际影响力。在全球化的背景下，知识产权保护已成为国际竞争的重要领域之一。一个健全的法治环境不仅能够提升本国知识产权保护的水平，还能够增强本国在国际知识产权保护领域的话语权和影响力。通过加强与国际知识产权组织的合作与交流，以及积极参与国际知识产权规则的制定和完善等工作，法治环境有助于推动本国企业更好地融入全球价值链并实现更高水平的对外开放。

3. 法治促进市场公平竞争的实现路径

（1）完善市场竞争法律法规体系。法治通过制定和完善市场竞争法律法规体系为市场公平竞争提供坚实的法律基础。这些法律不仅明确了市场主体的权利和义务，还规定了不正当竞争行为的法律责任和处罚措施。通过严格执法和公正司法确保市场竞争的公平性和有序性，从而维护市场经济的健康发展。

（2）加强反垄断和反不正当竞争执法力度。反垄断和反不正当竞争是维护市场公平竞争的重要手段之一。法治环境要求执法机关加强对市场垄断行为的监管和查处力度，防止少数企业通过垄断地位损害市场竞争秩序和消费者权益。同时执法机关还应加强对不正当竞争行为的打击力度，维护市场的公平竞争环境，确保所有市场主体都能在公平的市场环境中展开竞争。

（3）推动行业自律和社会监督机制的建立。除了政府监管外，行业自律和社会监督机制也是维护市场公平竞争的重要力量。法治环境鼓励行业协会等社会组织加强自律管理，制定行业规范和标准，引导企业诚信经营、公平竞争。同时法治还倡导社会公众积极参与市场监督，通过举报投诉等方式揭露和打击不正当竞争行为，共同维护市场的公平竞争秩序。

（二）法治促进科技创新与产业升级

在21世纪的全球竞争格局中，科技创新已成为国家核心竞争力的重要组成部分，而产业升级则是实现经济高质量发展的关键路径。法治，作为现代社会治理的基本方式，其在促进科技创新与产业升级中的作用日益凸显。下面将从法治如何保护创新成果、激发创新活力及推动产业结构优化升级三个方面进行深入探讨。

1. 法治保护创新成果

（1）明确产权归属，奠定创新基础。知识产权既是科技创新的重要成果体现，也是企业参与市场竞争的核心资产。法治通过制定和完善知识产权法律法规，明确创新成果的产权归属，为创新者提供清晰的权利边界和保护框架。这种明确的产权归属不仅激励了创新者的积极性，也为创新成果的商业化应用奠定了坚实基础。在法治的保障下，创新者可以更加专注于研发活动，而无须过多担忧成果被非法侵占的风险。

（2）强化执法力度，严惩侵权行为。法治不仅在于立法完善，更在于执法有力。对于侵犯知识产权的行为，法治体系要求执法机关依法严厉打击，确保创新者的合法权益得到有效维护。通过加大执法力度、提高违法成本，法治对潜在的侵权行为形成了有力震慑，有效遏制了侵权行为的发生。这种强有力的执法保障不仅保护了创新者的利益，也维护了市场的公平竞争秩序，为科技创新营造了良好的外部环境。

（3）完善救济机制，保障权利实现。当创新者的知识产权受到侵害时，法治体系提供了完善的救济机制。这包括行政救济、司法救济等多种途径，确保创新者能够及时获得有效的法律支持。通过便捷的救济渠道和公正的司法裁判，创新者的权利得到了切实保障，进一步激发了他们的创新热情和信心。

2. 法治激发创新活力

（1）鼓励自由探索，保障创新自由。法治为科技创新提供了自由探索的空间。在法治的保障下，科研人员可以更加大胆地尝试新的研究方向和方法，不必担心因失败而承担过大的风险。这种对创新自由的保障不仅激发了科研人员的创造力和想象力，也促进了科研活动的多样性和丰富性。

（2）促进资源共享，降低创新成本。法治通过制定和完善相关法律法规，推动科研资源的共享和优化配置。例如通过明确科研成果的共享机制、促进产学研合作等措施，法治降低了创新活动的成本门槛，提高了创新资源的利用效率。这种资源共享机制不仅有助于形成协同创新的良好氛围，也为中小企业和初创企业提供了更多的创新机会和发展空间。

（3）强化人才培养，打造创新人才队伍。人才是科技创新的第一资源。法治通过完善教育体系、加强职业培训等措施，不断提升人才队伍的素质和创新能力。同时，法治还通过制定优惠政策、优化人才发展环境等方式吸引和留住优秀人才，为科技创新提供坚实的人才保障。这种对人才的重视和培养不仅提升了国家的整体创新能力，也为产业升级提供了有力的人才支撑。

3. 法治推动产业结构优化升级

（1）引导产业方向，优化资源配置。法治通过制定产业政策和规划引导产业发展方向、优化资源配置。在法治的框架下，政府可以根据国家发展战略和市场需求制定科学的产业政策，明确重点发展领域和支持措施。这些政策不仅为产业升级提供了明确的方向指引，也促进了资源的合理配置和高效利用。通过引导社会资本向新兴产业和高技术产业流动，法治推动了产业结构的优化升级，促进了经济的高质量发展。

（2）促进技术创新与产业融合。法治为技术创新与产业融合提供了有力支持。在法治的保障下，企业可以更加灵活地运用新技术、新工艺和新材料推动传统产业的转型升级。同时法治还鼓励企业加强跨界合作，促进不同产业之间的技术交流和资源共享。这种技术创新与产业融合不仅提升了传统产业的竞争力，也为新兴产业的发展提供了广阔的市场空间。通过促进技术创新与产业融合，法治推动了产业结构的不断优化升级，为经济的高质量发展注入了新的动力。

（3）加强监管与评估，确保产业升级成效。法治还通过加强监管与评估，确保产业升级的成效得到充分体现。在产业升级过程中，法治要求政府加强对产业发展的监测和评估，及时发现和解决存在的问题。同时法治还要求企业加强自身管理，提高产品质量和服务水平，确保产业升级的成效能够惠及广大消费者。通过这种监管与评估机制法治，确保了产业升级的顺利进行和取得实效，为经济的高质量发展提供了有力保障。

三、法治与国际合作发展

在全球化的今天，国家间的联系日益紧密，经济、文化、科技等领域的交流与合作不断深化。这一背景下，法治不仅成为国家治理的基石，更在国际合作与国际秩序维护中扮演着举足轻重的角色。法治通过其规范性、稳定性和可预测性，为国际合作提供了坚实的制度保障，促进了国际规则的统一适用，同时也为国际争端的和平解决提供了有效途径。此外，国际法与国内法的互动关系，特别是国际法在国内法中的转化与实施，对于促进国际合作的深化和维护国际秩序的稳定具有重要意义。

（一）法治在促进国际合作中的作用

首先，提供制度保障，促进国际规则统一适用。法治通过制定和执行明确的法律规则，为国际合作提供了稳定的制度框架。在国际层面，国际组织如联合国、世界贸易组织等通过制定国际条约、协定等，为各国在经济、贸易、环境、人权等领域的合作提供了法律基础。这些国际规则的确立和实施，依赖于各国的法治环境，只有各国均遵循法治原则，国际规则才能得到统一适用，从而实现国际合作的目标。

其次，增强互信，降低合作成本。法治环境良好的国家，其政府行为更加透明、可预测，这有助于增强国际社会对其的信任。在国际合作中，信任是合作的基础，缺乏信任将大大增加合作成本。法治通过规范政府行为、保障公民权利和自由，增强了国际社会对一国的信心，降低了国际合作中的不确定性，从而促进了合作的顺利进行。

最后，解决国际争端，维护合作稳定。国际合作过程中难免会出现分歧和争端，如何妥善解决这些争端直接关系到合作的稳定性和可持续性。法治提供了解决国际争端的法律途径，如国际仲裁、国际诉讼等。这些法律途径为争端双方提供了一个公正、独立的解决平台，有助于减少争端对合作关系的负面影响，维护合作的稳定。

（二）法治在维护国际秩序中的作用

第一，防止冲突，维护和平。法治通过其规范性和强制性，有效防止了国际冲突的发生。国际法在防止战争、维护和平方面发挥着重要作用，如《联合国宪章》明确规定了禁止使用武力解决国际争端的原则。各国遵循法治原则，通过和平手段解决分歧和争端，有助于维护国际和平与稳定。

第二，促进全球治理，应对全球性挑战。面对气候变化、跨国犯罪等全球性挑战，任何单一国家都难以独自应对。法治通过促进国际合作，推动全球治理体系的完善。各国在法治框架内共同制定应对策略、分配治理责任，有助于形成合力，有效应对全球性挑战。

（三）国际法在国内法中的转化与实施

国际法与国内法虽然属于不同的法律体系，但它们之间并非孤立存在，而是相互渗透、相互影响。一方面，国际法中的一些原则和规则往往需要通过国内法的具体规定来实施；另一方面，国内法中的一些先进理念和做法也可能被国际社会所借鉴和吸收，进而上升为国际法规范。这种互动关系体现了法律全球化的趋势和各国法律文化的交流融合。

国际法在国内法中的转化主要通过三种途径实现：一是通过国内立法将国际条约的内容转化为国内法规定；二是通过司法实践将国际法原则和精神融入国内司法裁判中；三是通过行政管理将国际法要求落实到具体行政行为中。这些转化途径确保了国际法在国内的有效实施，促进了国际规则与国内法律的协调统一。

国际法在国内法中的实施面临诸多挑战，如国内法律体系的差异、政治意愿的缺失、司法资源的不足等。为应对这些挑战，各国须采取相应对策：一是加强国内立法与国际法的衔接与协调；二是提高司法机关对国际法的理解和适用能力；三是加强国际合作与交流，共同推动国际法的有效实施；四是加强公民教育和社会宣传，提高公众对国际法的认知和支持度。

第四节　法治保障对全面建设社会主义现代化国家的支撑作用

一、法治与社会主义现代化的内在联系

在社会主义现代化建设的进程中，法治不仅为国家的长治久安提供了坚实的基础，更与经济发展、政治文明、社会和谐等多个方面紧密相连，共同构成了社会主义现代化建设的有机整体。

（一）法治与经济发展的紧密联系

市场经济本质上是法治经济，其高效运行依赖于明确的产权界定、公平的交易规则和有效的争议解决机制。法治通过制定和执行严格的法律法规，为市场主体提供了稳定的预期环境。这种稳定性降低了市场主体的交易成本，鼓励了创新和投资，从而促进了经济的持续增长。例如知识产权法的完善保护了创新者的合

法权益，激发了企业的研发动力；合同法的严格执行则保障了交易双方的权益，维护了市场的公平竞争。

在法治环境下，资源的配置更加合理高效。政府通过法律手段对市场进行适度干预，纠正市场失灵，促进资源的优化配置。同时，法治也鼓励企业通过市场竞争实现优胜劣汰，推动产业结构的优化升级。例如环境保护法的实施促使企业采用更加环保的生产方式，减少了对环境的污染，同时也推动了绿色产业的发展。

随着经济全球化的深入发展，国家经济安全面临着前所未有的挑战。法治通过建立健全国家安全审查、反垄断审查等机制，有效维护了国家的经济安全。这些机制不仅防止了外资对关键领域的控制，还保护了本土企业的合法权益，为经济的健康发展提供了有力保障。

（二）法治与政治文明的相互促进

民主政治是现代政治文明的重要标志，而法治则是民主政治的基石。法治通过确立公民的基本权利和自由，规范了国家权力的行使边界，确保了政治权力的合法性和正当性。在法治框架内，公民可以通过选举、参与决策等方式参与政治生活，表达自己的利益诉求，从而促进了政治民主化的进程。

政府治理效能是衡量政治文明程度的重要指标之一。法治通过明确政府职责、规范行政行为、强化监督问责等方式，提升了政府治理效能。一方面，法治要求政府依法行政，按照法定权限和程序履行职责；另一方面，法治还建立了完善的监督体系，确保政府行为始终在法律的轨道上运行。这种治理模式不仅提高了政府的工作效率和服务质量，还增强了公众对政府的信任和支持。

政治体制改革是推动政治文明发展的重要途径。法治通过为政治体制改革提供法律保障和制度支持，推动了政治体制的不断完善。例如：通过修改宪法和法律，明确政治体制改革的方向和重点；通过建立健全选举制度、监督制度等，为政治体制改革提供了具体的操作路径。这些措施不仅促进了政治权力的合理分配和有效制衡，还增强了政治体制的适应性和创新性。

（三）法治与社会和谐的深度融合

社会秩序是社会和谐的基础。法治通过制定和执行严格的法律法规，维护了社会的正常秩序。一方面，法治打击了各种违法犯罪行为，保护了公民的人身和财产安全；另一方面，法治还通过调解、仲裁等方式解决了社会矛盾纠纷，促进了社会的和谐稳定。这种维护社会秩序的功能不仅有助于提升公众的安全感和幸福感，还为社会的全面发展提供了有力保障。

公平正义是社会和谐的核心价值之一。法治通过确立公平合理的法律规则和程序，保障了公民在法律面前的平等地位。无论贫富、贵贱、种族、性别等差异如何，公民在法律面前一律平等。这种平等性不仅增强了公民的归属感和认同感，还促进了社会的团结和稳定。同时，法治还通过司法公正等方式实现了对弱势群体的特殊保护，进一步彰显了社会的公平正义。

社会治理创新是推动社会和谐发展的重要动力。法治通过引入多元共治、协商民主等现代治理理念和方法，推动了社会治理模式的创新。一方面，法治鼓励政府、市场、社会等多方力量共同参与社会治理过程；另一方面，法治还通过建立健全社会信用体系、社区治理机制等方式提升了社会治理的智能化和精细化水平。这些创新措施不仅提高了社会治理的效率和效果，还增强了公众的参与感和满意度。

二、法治保障促进社会治理的现代化

在社会发展的进程中，社会治理现代化是衡量国家治理体系和治理能力现代化的重要标志之一。法治，作为现代社会治理的基石，不仅为社会秩序的稳定提供了制度保障，还通过不断创新实践推动社会治理向更加高效、智能的方向发展。

（一）基层社会治理创新

基层社会治理是国家治理体系的基础环节，直接关系到社会稳定与和谐。法治在推动基层社会治理创新中发挥了不可替代的作用，特别是在社区治理和网格化管理方面，法治的理念与方法被深度融合，催生出了一系列行之有效的创新实践。

1. 社区治理的法治化路径

社区作为城市居民生活的基本单元，是基层社会治理的重要阵地。法治化社区治理旨在通过构建完善的法律体系、强化法律实施力度、提升公民法律意识等途径，实现社区内部的和谐稳定与有序发展。

（1）构建完善的社区法律体系是基础。各地根据本地实际情况，制定了一系列社区治理的规范性文件，明确了社区治理的主体、职责、权限及运作机制。这些规范性文件不仅为社区治理提供了明确的法律依据，也确保了社区治理活动的合法性和规范性。

（2）强化法律实施力度是关键。社区治理需要依靠严格的执法来保障法律的实施效果。各地通过建立社区警务室、配备专职法律顾问等方式，加强了社区内部的法律监督和执行力度。同时，通过开展法律知识宣传、提供法律咨询等服务，增强了社区居民的法律意识和维权能力。

（3）提升公民法律意识是保障。法治化社区治理的成效最终体现在公民的法律意识上。各地通过开展法治宣传教育活动、建立社区法治文化阵地等方式，营造了浓厚的法治氛围。这些活动不仅提高了社区居民的法律素养和法治观念，也促进了社区内部的和谐共处和共同发展。

2. 网格化管理的法治化探索

网格化管理作为一种新型的社会治理模式，通过将管理区域划分为若干网格单元，实现精细化管理和服务。法治在网格化管理中的融入，使得网格化管理更加规范、高效和有序。一方面，法治为网格化管理提供了制度保障。各地在制定网格化管理相关政策时，均注重与法律法规的衔接和协调。通过明确网格员的职责权限、工作程序及监督机制等，确保了网格化管理的合法性和规范性。同时，通过建立网格化管理信息平台、实现信息共享和资源整合等方式，提高了网格化管理的智能化水平；另一方面，法治强化了网格化管理的执行力度。在网格化管理中，各地注重发挥法治的引导、规范和保障作用。通过建立健全网格化管理考核机制、加强网格员的培训和管理等方式，提高了网格员的工作积极性和责任心。同时，通过建立投诉举报机制、加强社会监督等方式，确保了网格化管理的公正性和透明度。

（二）数字法治建设

“全过程人民民主是一种具有全面建构性、以充分实现人民主体地位为目的的民主形态。数字时代的到来正在引发人类社会上层建筑的变动，在给全过程人民民主的实现带来诸多需要认真应对的挑战的同时，也提供了众多机遇。”[①] 随着信息技术的飞速发展，大数据、人工智能等技术在法治建设中的应用日益广泛。这些技术的引入不仅提高了法治工作的效率和质量，也推动了社会治理向智能化方向发展。

1. 大数据在法治建设中的应用

大数据技术的应用为法治建设提供了强大的数据支撑和分析能力。在司法实践中，大数据被广泛应用于案件管理、审判执行、法律服务等多个领域。

在案件管理方面，大数据技术实现了对海量案件信息的集中管理和智能分析。通过建立案件信息管理系统实现案件信息的自动采集和智能分类等方式，提高了案件管理的效率和质量。同时，通过对案件数据的深度挖掘和分析，可以发现案件审理中的规律和趋势，为司法决策提供有力支持。

在审判执行方面，大数据技术的应用提高了审判执行的公正性和效率。通过建立智能辅助办案系统实现裁判文书的自动生成和智能校对等方式，减轻了法官的工作负担。同时，通过对裁判文书的智能分析和比对，可以发现裁判标准的不一致和偏差等问题，为统一裁判标准提供了有力支持。

在法律服务方面，大数据技术为公众提供了更加便捷、高效的法律服务。通过建立在线法律咨询平台实现法律知识的智能检索和推荐等方式，提高了公众获取法律服务的便捷性和准确性。同时，通过对公众法律需求的智能分析和预测，可以为法律服务的优化和创新提供有力支持。

① 程迈．数字时代全过程人民民主宪法实现机制研究［J］．河南社会科学，2024，32（6）：43-51.

2. 人工智能在法治建设中的应用

人工智能技术的应用进一步推动了法治建设的智能化进程。在司法实践中，人工智能被广泛应用于智能辅助审判、智能合同审查、智能法律咨询等多个领域。

在智能辅助审判方面，人工智能技术通过自然语言处理、机器学习等技术手段实现了对法律文书的智能理解和分析。通过建立智能辅助审判系统实现裁判文书的智能生成和校对等方式，提高了审判工作的效率和质量。同时通过对裁判文书的智能分析和比对，可以发现裁判标准的不一致和偏差等问题，为统一裁判标准提供了有力支持。

在智能合同审查方面，人工智能技术通过对合同条款的智能识别和比对，实现了对合同风险的智能预警和防范。通过建立智能合同审查系统实现合同文本的自动审核和风险提示等方式，提高了合同审查的准确性和效率。这不仅有助于降低合同风险，还有助于促进市场经济的健康发展。

在智能法律咨询方面，人工智能技术为公众提供了更加便捷、高效的法律咨询服务。通过建立智能法律咨询平台实现法律问题的智能解答和推荐等方式，提高了公众获取法律咨询的便捷性和准确性。

法治在促进社会治理现代化方面发挥了重要作用。通过推动基层社会治理创新和数字法治建设等举措，法治不仅提高了社会治理的效率和质量，还推动了社会治理向更加智能化方向发展。在未来的发展中应该继续加强法治建设推动法治与科技的深度融合，为社会治理现代化提供更加坚实的法治保障和技术支持。

三、法治与生态文明建设

在 21 世纪的全球视野下，生态文明建设已成为人类社会可持续发展的关键议题。随着工业化、城市化进程的加速，环境问题日益凸显，资源约束趋紧，生态系统退化，对人类社会的生存和发展构成了严峻挑战。面对这一现实，法治作为现代社会治理的重要工具，其在环境保护、资源节约、生态修复等方面的制度保障作用越发重要。

（一）法治在环境保护中的制度保障作用

法治在环境保护中的首要作用体现在法律体系的完善上。一个健全的环境保护法律体系是环境保护工作的基石。我国已经建立了以《中华人民共和国环境保护法》（以下简称《环境保护法》）为核心，涵盖大气污染防治、水污染防治、土壤污染防治、固体废物污染环境防治、噪声污染防治等多个领域的环境保护法律体系。这些法律法规不仅明确了环境保护的基本原则、目标和责任主体，还规定了具体的管理措施和处罚标准，为环境保护工作提供了明确的法律依据。

法治通过强化环境监管机制，确保环境保护法律法规的有效实施。一方面，建立健全了环境监管体系，包括国家、省、市、县四级环境监管网络，实现了对环境污染源的全面监控和管理。另一方面，加强了对环境违法行为的打击力度，对超标排放、偷排偷放等违法行为实行“零容忍”，依法追究相关责任人的法律责任。这种严格的监管机制有效遏制了环境违法行为的发生，保护了生态环境的安全。

法治还注重发挥公众在环境保护中的作用，通过建立公众参与机制，增强公众的环境保护意识和参与度。例如《环境保护法》明确规定，公民、法人和其他组织依法享有获取环境信息、参与和监督环境保护的权利。政府通过公开环境信息、举办听证会、接受公众举报等方式，保障公众的知情权、参与权和监督权。这种公众参与机制不仅增强了环境保护工作的透明度，还激发了公众保护环境的积极性和创造力。

（二）法治在资源节约中的制度保障作用

为了应对资源约束趋紧的挑战，法治在资源节约方面发挥了重要作用。通过制定和实施一系列资源节约法律法规，如《中华人民共和国节约能源法》《中华人民共和国循环经济促进法》等，明确了资源节约的基本原则、目标和措施。这些法律法规鼓励企业采用先进的节能技术和设备，提高资源利用效率；推广循环经济模式，实现资源的减量化、再利用和资源化；加强对高耗能、高污染行业的监管和整治，促进产业结构的优化升级。

法治还通过建立资源有偿使用制度，推动资源的合理利用和节约。例如对水资源、矿产资源等实行有偿使用制度，通过征收资源税、资源补偿费等方式，增加资源使用者的成本负担，促使他们更加珍惜和节约资源。同时，加强对资源开采和利用的监管力度，防止过度开采和浪费资源的行为发生。

法治还通过引导绿色消费和绿色生产，促进资源节约和环境保护。一方面，通过制定和实施绿色消费政策，鼓励消费者选择环保、节能的产品和服务，减少资源浪费和环境污染。另一方面，加强对企业的环保监管和激励措施，推动企业采用清洁生产技术和管理模式，实现生产过程的绿色化、低碳化。这种绿色消费和绿色生产的引导机制有助于形成全社会共同关注资源节约和环境保护的良好氛围。

（三）法治在生态修复中的制度保障作用

面对生态系统退化的现状，法治在生态修复方面同样发挥着重要作用。通过制定和实施生态修复法律法规，明确了生态修复的基本原则、目标和责任主体。这些法律法规要求各级政府和相关部门加强对受损生态系统的调查和评估工作，制订科学的生态修复方案，并落实修复资金和项目。同时，加强对生态修复项目的监管和评估工作，确保修复效果达到预期目标。

为了激励社会各界积极参与生态修复工作，法治还通过建立生态补偿机制来提供经济激励。生态补偿是指对为保护生态环境而付出努力或受到损失的单位和个人给予一定的经济补偿或政策支持。例如对参与植树造林、水土保持等生态修复项目的农户给予一定的资金补贴或政策优惠；对因生态保护需要而限制开发的地区给予一定的经济补偿或转移支付等。这种生态补偿机制有助于调动社会各界的积极性和创造力，推动生态修复工作的顺利开展。

为了保障重要生态区域的安全稳定，法治还实施了生态红线制度。生态红线是指为维护国家和区域生态安全及可持续发展划定的须实施特殊保护的区域。这些区域通常包括自然保护区、风景名胜区、水源保护区等重要生态功能区及生态环境敏感区和脆弱区等。通过划定生态红线并实施严格的保护措施和管理制度，防止人类活动对这些重要生态区域造成破坏和干扰。这种生态红线制度有助于维护生态系统的完整性和稳定性，促进人与自然的和谐共生。

(四) 推动绿色发展理念落地生根

“中国生态文明建设已经进入深化改革的新时代。”① 为了将绿色发展理念转化为全社会的自觉行动和普遍实践，法治发挥了至关重要的作用。通过将绿色发展理念法制化，将其融入法律法规和政策措施之中，使之成为全社会必须遵循的行为准则和价值导向。例如：《环境保护法》等法律法规明确规定了绿色发展的基本要求、目标和措施；各级政府也制定了一系列促进绿色发展的政策措施和行动计划等。这些法制化措施有助于形成全社会共同关注绿色发展、践行绿色发展理念的良好氛围。

法治还通过鼓励和支持绿色技术的创新与推广来推动绿色发展理念的落地生根。一方面，加强对绿色技术研发的支持力度和资金投入力度；另一方面，通过制定和实施一系列优惠政策措施来推广和应用绿色技术成果。例如：对采用清洁生产技术和管理模式的企业给予一定的税收优惠或补贴支持；对研发和应用绿色技术成果的个人或团队给予一定的奖励或表彰等。这些措施有助于激发社会各界对绿色技术创新的热情和动力，推动绿色技术成果在更广泛的领域内得到应用和推广。

法治还通过倡导和实践绿色生活方式来推动绿色发展理念的深入人心。绿色生活方式是指一种低碳、环保、健康的生活方式，它要求人们在日常生活中注重节约资源、减少污染、保护环境等方面做出积极贡献。法治通过制定和实施一系列倡导绿色生活方式的政策措施和行动计划，如推广使用环保产品、鼓励低碳出行、加强垃圾分类和回收利用等方面的宣传教育和实践指导等，引导人们树立绿色生活理念并付诸实践行动之中。这种倡导和实践绿色生活方式的活动有助于形成全社会共同关注环境保护、践行绿色发展理念的良好风尚和文化氛围。

---

①陈海嵩. 中国生态文明法治转型中的政策与法律关系［J］. 吉林大学社会科学学报，2020，60(2)：47-55.

四、法治文化培育与社会主义核心价值观弘扬

在社会主义现代化建设的宏伟蓝图中，法治文化与社会主义核心价值观如同车之双轮、鸟之两翼，相辅相成，共同推动着社会的进步与发展。法治文化，作为现代国家治理的重要基石，其核心在于培养全社会的尊法、学法、守法、用法意识，构建以法律为信仰、以法治为追求的社会氛围。而社会主义核心价值观，则是凝聚社会共识、引领社会风尚的精神灯塔，为法治文化的建设提供了价值导向和道德支撑。

法治文化，简而言之，是指在社会生活中普遍认同并遵循法治理念、尊重法律权威、依法办事的文化形态。它包含了对法律的信仰、对规则的尊重、对程序的遵循及对公平正义的追求等多个层面。法治文化的核心在于培育公民的法治精神，使法律成为社会治理的基本方式，成为公民行为的基本准则。法治文化的特征主要体现在四个方面：一是普遍性，即法治文化应渗透到社会生活的各个领域，成为全社会共同遵循的价值观念；二是权威性，法律具有至高无上的地位，任何个人和组织都不得凌驾于法律之上；三是公正性，法治文化强调法律的公正适用，保障每个人的合法权益不受侵犯；四是参与性，鼓励公民积极参与法治实践，通过合法途径表达诉求、维护权益。

法治文化的社会价值在于为社会主义现代化建设提供坚实的法治保障。首先，法治文化能够增强社会的稳定性和可预测性，减少社会冲突和矛盾，为经济发展创造良好的外部环境。其次，法治文化能够提升政府公信力和执行力，确保政府行为合法合规，提高行政效率和服务质量。再次，法治文化能够保障公民权利和自由，促进公平正义的实现，增强公民对国家和社会的认同感和归属感。最后，法治文化还能够促进国际交流与合作，提升国家在国际舞台上的形象和地位。

（一）法治文化与社会主义核心价值观的融合

法治文化与社会主义核心价值观在价值追求上具有高度的契合性。社会主义核心价值观强调富强、民主、文明、和谐等国家层面的价值目标及自由、平等、

公正、法治等社会层面的价值取向。这些价值追求与法治文化的核心理念紧密相连，共同构成了社会主义现代化建设的价值体系。法治文化通过培育公民的法治精神和规则意识，为社会主义核心价值观的落实提供了制度保障和实践路径。

法治文化与社会主义核心价值观之间存在着相互促进的作用机制。一方面，社会主义核心价值观为法治文化建设提供了价值导向和道德支撑。通过弘扬社会主义核心价值观可以引导公民树立正确的世界观、人生观和价值观，增强公民对法治文化的认同感和归属感；另一方面，法治文化建设也为社会主义核心价值观的落实提供了制度保障和实践平台。通过加强法治宣传教育、完善法律法规体系、强化司法公正与效率等措施，可以促进社会主义核心价值观在社会生活中的广泛传播和深入实践。

（二）共同支撑社会主义现代化建设

法治文化与社会主义核心价值观的共同作用为社会主义现代化建设营造了良好的社会环境。通过加强法治文化建设可以增强全社会的法治意识和规则意识，减少社会冲突和矛盾，维护社会稳定和谐。同时弘扬社会主义核心价值观可以引导公民树立正确的价值观念和行为规范，促进社会文明进步和道德提升。这种良好的社会环境为社会主义现代化建设提供了有力的保障和支持。

法治文化与社会主义核心价值观的融合还能够推动经济高质量发展。一方面，加强法治宣传教育和完善法律法规体系可以为企业提供更加稳定可预测的市场环境，降低交易成本和提高经营效率；另一方面，弘扬社会主义核心价值观可以引导企业树立正确的经营理念和道德观念，促进企业诚信经营和可持续发展。这种良好的经济环境和发展动力为社会主义现代化建设提供了坚实的经济基础和发展支撑。

法治文化与社会主义核心价值观的共同作用还有助于促进社会公平正义的实现。通过加强司法公正与效率建设，可以确保每个人的合法权益不受侵犯，维护社会公平正义的基本原则。同时，弘扬社会主义核心价值观可以引导公民树立正确的公平正义观念，增强对社会公平正义的认同感和支持度。这种对社会公平正义的追求和维护为社会主义现代化建设提供了重要的道德支撑和价值引领。

第四章　中国特色社会主义民主与法治理论的发展

第一节　中国特色社会主义中的民主法治理论研究

探索中国特色社会主义道路，中国共产党带领各族人民在实践中不断开创社会主义建设的新局面，并在理论上提出和总结了新的思想，形成了中国特色社会主义理论体系。该理论体系取得了举世瞩目的伟大成就，其中包含了民主法治理论。民主法治理论的重要性体现在人民当家做主的本质要求和依法治国的基本方略上，是中国特色社会主义的重要组成部分。研究民主法治理论有助于深入理解中国特色社会主义政治制度的优越性和先进性，进一步坚定走中国特色社会主义政治发展道路的信心和决心。通过不断的理论创新和实践探索，中国特色社会主义道路展现了强大的生命力和广阔的发展前景，成为世界上独特的社会主义发展模式，为全球社会主义事业提供了宝贵的经验和借鉴。

一、民主法治理论的重要地位

在中国共产党领导下，探索民主法治建设的过程中，逐步形成并不断发展、丰富、完善了一系列理论。民主法治理论包括人民民主专政、人民代表大会、民主集中制、基层群众自治、民族区域自治、多党合作与政治协商、民主与法治关系、法治中国、依法执政、依法治国、中国特色社会主义法律体系、中国特色社会主义司法，以及中国特色社会主义法律监督等方面的内容。这些理论综合了社会主义政治建设和法治建设的核心理念，泛指社会主义政治建设理论与法治理论，旨在推动国家治理体系和治理能力的现代化。民主法治理论在中国特色社会主义理论体系中占据重要地位，它基于马克思主义基本理论逻辑，并深植于中国特色社会主义的历史发展进程，体现了中国共产党领导下的社会主义法治国家建设实践。

（一）民主法治理论符合马克思主义基本原理

马克思主义基本原理揭示了社会的有机性与复杂性。社会是由相互联系的部分组成的统一体，各部分性质不同且处于矛盾运动中。这一理论不仅揭示了社会结构的内在联系，还强调了各部分在矛盾运动中的相互作用及其对社会整体的影响。科学理论的价值在于能够揭示隐藏于复杂社会现象背后的本质规律，为人们理解和改造社会提供了理论依据。马克思与恩格斯创立的历史唯物主义则进一步揭示了人类历史运动的基本规律，认为人类社会的发展是由生产力与生产关系、经济基础与上层建筑之间的矛盾运动推动的。这一理论不仅解释了社会发展的动力和方向，还为理解社会变迁提供了科学框架。

中国特色社会主义理论体系是马克思主义基本原理与中国具体实际相结合的产物，揭示了中国社会主义建设的内在规律。该理论体系既符合历史唯物主义的基本原理，又具有鲜明的中国特色。从历史唯物主义的基本原理出发，可以对中国特色社会主义理论体系进行逻辑建构，涵盖生产力、生产关系、经济基础及上层建筑等方面，从而形成一个内在一致、逻辑严密的理论框架。

在中国特色社会主义理论体系中，民主法治理论占据着重要地位，体现了马克思主义基本原理中的上层建筑概念。上层建筑包括政治上层建筑和思想上层建筑两个方面。政治上层建筑指的是政治法律制度及其相关物质设施；思想上层建筑则包括适应经济基础的社会意识形态，如政治思想、法律思想、道德、艺术、哲学和美学等。作为社会主义政治理论与法治理论的统称，民主法治理论在这两个方面都发挥着关键作用。在思想上层建筑中，民主法治理论是重要组成部分，塑造和引导社会意识形态的发展。在政治上层建筑中，民主法治理论为政治法律制度提供了坚实的理论依据，推动其不断完善与发展。

民主法治理论的重要性，不仅仅体现在其作为思想上层建筑的一部分，更在于它对于整个中国特色社会主义理论体系的深化与发展。民主法治理论通过揭示社会主义政治与法治的内在规律，为中国特色社会主义理论体系提供了丰富的理论资源和实践指导。它强调了人民当家做主的社会主义民主政治本质，以及依法治国、建设社会主义法治国家的重要性，这些理念都是中国特色社会主义理论体系不可或缺的重要组成部分。

进一步而言，民主法治理论在中国特色社会主义理论体系中的地位，还可以通过其对于顶层设计的指导意义来体现。近年来，“顶层设计”成为一个热门词汇，这反映了在社会主义建设实践中，对于全局性、战略性规划的重视。民主法治理论为顶层设计提供了重要的理论支撑，它强调了制度建设、法治保障、民主参与等方面的重要性，这些都是顶层设计中不可或缺的要素。

（二）民主法治理论深植于中国特色社会主义的历史发展中

科学理论的诞生与发展，绝非主观臆想的产物，而是根植于社会存在的深厚土壤之中，是对社会发展需求的深刻回应。换言之，理论的源泉在于实践，其生命力也在于实践。

回溯历史，民主法治建设自 20 世纪 80 年代以来，便成为党和国家一以贯之的重要工作。这一进程不仅见证了民主建设成果的不断积累与深化，更体现了将这些成果制度化、法律化的不懈努力。从制定与完善一系列法律法规，到依法治国基本方略的明确提出，再到将“国家尊重和保障人权”这一重要原则写入宪法，直至中国特色社会主义法律体系的逐步形成，这一系列里程碑式的事件无不彰显了中国在民主法治建设方面所进行的深入探索与显著成效。与此同时，在这一波澜壮阔的历史进程中，民主法治理论也应运而生并逐渐丰富完善。它不仅是对中国特色社会主义民主法治建设实践经验的深刻总结，更是对未来发展方向与路径的理论指引。民主法治理论深刻揭示了中国特色社会主义民主法治的内在规律与发展要求，为推动社会主义民主政治的不断发展提供了坚实的理论支撑。

因此，民主法治理论在中国特色社会主义理论体系中的地位不言而喻。它不仅是对过去民主法治建设实践的深刻反思与理论升华，更是对未来民主法治发展蓝图的科学规划与前瞻布局。在这一意义上，民主法治理论不仅是中国特色社会主义历史发展的必然产物，更是推动其不断前行的重要力量。随着中国特色社会主义实践的深入推进，民主法治理论也将继续焕发新的生机与活力，为中华民族伟大复兴提供坚实的法治保障与理论支撑。

二、民主法治理论的价值

经济的快速发展使我国逐渐摆脱了贫困，迈向全面小康，但与此同时，一些新问题也对社会和谐与改革的深入产生了影响。“社会和谐”这一概念的提出，逐渐在中国特色社会主义的实践与理论中得到了重视，并被确立为“本质属性”，深化了对社会主义本质的认识。改革开放和社会主义现代化建设的发展，使得社会建设的价值和地位更加凸显。社会建设被视为有机整体，而非经济、政治、文化的简单相加或其外部条件。社会建设是社会主义现代化建设的重要组成部分，党和国家将其纳入议事日程，以确保全面推进社会的协调发展。我国全面部署构建社会主义和谐社会，将社会主义现代化建设的目标扩展为建设富强、民主、文明、和谐的社会主义现代化国家。这一过程反映了对共产党执政规律、社会主义建设规律及人类社会发展规律认识的不断深化，社会和谐被确立为中国特色社会主义的本质属性，进一步明确了社会主义现代化建设的方向和任务。在这一过程中，社会和谐不仅仅是发展的目标，更是发展的手段，通过加强社会建设，促进经济、政治、文化的协调发展，实现全面进步，从而为实现富强、民主、文明、和谐的社会主义现代化国家奠定坚实基础。

“社会和谐”作为社会主义本质理论的重要内涵，揭示了社会主义理论的开放性特征。社会主义并不是一个僵化的体系，而是一个随着社会发展不断演进的动态过程。因此，理论的探索和提升是对党和国家思想不断发展的积极回应。

随着中国特色社会主义道路的探索和实践问题的不断深入，社会主义本质理论也在不断发展和完善。中国的社会现实和实践经验推动了理论的丰富和深化。社会主义本质理论的完善不仅是对过去经验的总结，更是对未来发展的预见和引导。民主法治理论在中国特色社会主义理论体系中的融入显得尤为重要。社会本质上是一个结构性整体，其中经济基础与上层建筑之间的相互作用决定了社会的发展方向。民主法治作为上层建筑的一部分，必须充分融入中国特色社会主义的理论体系中，以体现社会治理的科学性和民主性。

国家的政治法律制度和意识形态具有一定的相对独立性。这种独立性与国家的历史背景、文化传统及政治力量等因素密切相关。政治法律制度不仅是国家治理的重要工具，也是国家核心特质的体现。通过对这些因素的深刻分析，可以更好地理解国家制度的形成逻辑及其运行机制。

“社会和谐”被界定为社会主义的本质属性，极大地丰富了社会主义本质理论的内涵。它不仅表明了社会主义在追求经济发展的同时更加注重社会的公平和稳定，也在质量上实现了理论的深度拓展。社会和谐作为一种理想状态，体现了对人民福祉的关注和对社会公正的追求。

从理论视角看，把握“社会和谐”作为中国特色社会主义本质属性的重要性不言而喻。通过这一视角，可以更加深入地理解社会主义的核心价值和发展方向。

当前对社会主义本质的研究在学术界存在某些未被充分探讨的“盲区”，这一现象要求学术界在深化研究时进行更多的反思和补充。尤其是经济体制改革与政治体制改革之间的关系仍然是一个亟待解决的重要问题。经济体制改革是促进国家经济发展的关键，而政治体制改革则为经济体制改革提供了必要的保障。如果政治体制改革滞后，经济发展可能会面临困境，各种问题也会浮现。例如政府治理能力不足、制度安排不合理等问题，都会对经济体制改革的顺利推进形成障碍。因此，经济体制改革必须与政治体制改革同步推进，只有两者相互配合，才能有效破解经济发展中的难题，实现国家的长期稳定与繁荣。

经济基础的深刻变革会促使上层建筑体系发生相应的变革。上层建筑包括政治体制、法律制度等社会结构，其变革的紧迫性和必要性随着经济基础的变化而日益显现。经济体制的调整和优化必然需要上层建筑的适时调整，以适应新的经济形势。在我国，经济体制改革的核心任务是优化政府与市场的关系，确保市场在资源配置中的决定性作用，同时更好地发挥政府作用。

民主法治的建设被认为是改革的关键支撑，对深化社会主义本质的认识具有重要意义。民主法治不仅提供了制度保障，还为理论发展提供了基础。有效的民主法治建设能够促进公平、公正的社会环境，为改革的深入推进创造良好的条件。因此，优先从民主法治领域着手，通过完善法律体系、强化法治观念，为全面深化改革提供坚实的制度支撑与理论依据。

党中央在社会主义现代化建设中明确提出了“富强、民主、文明、和谐”的目标，这些目标不仅体现了国家发展的全方位追求，也反映了民主法治在社会主义建设中的核心地位。特别是民主法治作为社会主义本质属性的重要性，越来越受到重视。

在理论构建方面，有两种主要模式。一种模式是将民主法治嵌入和谐社会的概念中，通过“社会和谐”这一框架间接展现其在社会主义本质中的作用。这种模式强调了民主法治对和谐社会的促进作用，侧重于间接体现。另一种模式则直接将民主法治上升为社会主义本质的核心范畴，赋予其更加直接和突出的地位。这种模式明确将民主法治视为社会主义本质的核心元素，体现了其在中国特色社会主义建设中的全局性和关键性。

在实际应用中，第二种模式被认为更具优选性。这是因为民主法治在中国特色社会主义的现代化建设中扮演了越来越重要的角色，尤其是在推进全面深化改革和现代化建设的过程中，民主法治的全局性重要性愈加凸显。当前，政治体制改革进度明显滞后于经济体制改革，成为亟待高度重视并解决的重大问题。

民主在很大程度上已经成为政府合法性的坚实基础，它关乎人民的意愿表达和参与权利，是现代社会不可或缺的政治价值。与此同时，法治作为治国理政的基本方式，确保了社会秩序的稳定和公平正义的实现。因此，无论是从理论层面还是从实践需求出发，民主法治都应当被视作一个独立的、具有核心意义的范畴，并有机地融入社会主义本质论之中，成为其不可或缺的组成部分。这样的理论定位不仅符合我国社会主义现代化建设的实际进程，也有助于进一步推动政治体制改革的深化和发展。

三、民主法治理论的实践意义

民主法治问题，不仅是一个深刻的理论问题，而且是一个极为重要的实践问题。民主法治理论，不仅是中国特色社会主义理论体系的重要组成部分，深化了对社会主义本质的认识，丰富了社会主义本质理论，而且对于建设中国特色社会主义具有重大的实践意义。

（一）引导中国特色社会主义民主法治建设的方向

中共党史和新中国建设史的深入研究揭示了一个不可忽视的真理：方向问题

在革命与建设的征途中占据着极为重要且核心的地位。它不仅决定了奋斗的目标，规划了前行的路线，还界定了可依靠的力量。在中国特色社会主义的伟大实践中，民主法治的方向问题尤为复杂且敏感，其处理得当与否，直接关系到国家的稳定与发展。自改革开放以来，在这一领域的探索中积累了丰富的经验，也汲取了深刻的教训。

回溯至20世纪80年代中后期，面对国内外复杂多变的形势，正是在党中央的坚强领导下，果断采取措施，及时纠正了政治体制改革进程中的偏差，确保了航向的正确性。此后，随着中国民主政治改革的不断深化，在民主理论方面的自觉性与创新性显著增强，更加注重从实际出发，提出并完善了一系列符合中国国情、具有中国特色的民主理论。例如：人民代表大会理论的确立与发展，不仅巩固了人民当家做主的宪法地位，也为实现广泛的人民民主提供了制度保障；多党合作与政治协商理论的探索与实践，有效促进了政党关系的和谐与政治协商的深入，为社会主义民主政治增添了独特的中国色彩；民主参与理论的倡导与推广，则进一步拓宽了公民政治参与的渠道，激发了社会活力，增强了民众对政治生活的参与感和归属感。

民主理论对于民主政治建设的方向具有不可替代的指引作用，它如同灯塔一般，照亮了民主实践的航道，确保了民主政治建设的正确方向。同样，法治理论在社会主义法治建设的征途中也扮演着至关重要的角色。法治理论不仅为法治实践提供了理论支撑，更为法治国家的构建设定了明确的目标与路径。它强调法律的权威性、公正性与稳定性，倡导依法治国、依法执政、依法行政的共同理念，为全面推进依法治国、建设社会主义法治国家提供了坚实的理论基础。

在民主法治理论的双重引领下，中国特色社会主义民主法治建设得以稳步推进，不仅在国内赢得了广泛的认可与支持，也在国际上树立了良好的形象，展现了中国道路的独特魅力与强大生命力。“中国的民主法治建设是符合中国国情的民主法治建设”①，只有坚持民主法治理论的正确引导，才能确保中国特色社会主义民主法治建设始终沿着正确的方向前进，不断开创民主法治新局面，为实现

① 丁新正. 中国特色社会主义民主法治建设路径再认识［J］. 南阳师范学院学报，2015，14（05）：3.

中华民族伟大复兴的中国梦奠定坚实的制度基础与法治保障。

（二）提供中国特色社会主义建设的强大精神动力

伟大的变革需要强大的精神支持，而这种支持主要来源于坚定的信仰。精神动力的作用不可忽视，因为没有强有力的精神支持，事业往往难以取得成功和提升。信仰作为一种深层次的动力源泉，通过激发人们的积极性和创造力，使得艰难的变革过程变得更加顺利。在这一背景下，科学理论的认识和接受成为信仰形成的重要基础。科学理论经过实践检验，逐步被认可并内化为信仰，为社会实践注入了强大的动力。这种理论不仅提供了科学的指导，还为信仰的形成奠定了坚实的基础，使得理论的力量能够在实践中得到充分体现。

中国特色民主法治理论正是这种信仰形成的重要成果之一。在马克思主义的指导下，这一理论逐步形成并不断完善。它深入总结了我国在民主法治建设过程中积累的经验和教训，具备了理论上的说服力和现实中的阐释力。中国特色社会主义民主法治理论不仅关注理论的高度，还注重将理论与我国的实际情况相结合，形成了一套适合中国国情的民主法治体系。这一理论体系不仅继承和发展了马克思主义的基本原理，还结合了中国社会的具体实践，为我国的法治建设提供了坚实的理论支持和指导。

这一理论的影响深远且广泛。中国特色民主法治理论不仅得到了中国人民的广泛认同，还成为推动社会主义民主法治建设的重要精神支柱。通过对这一理论的贯彻和落实，我国的民主法治建设不断取得新的进展，社会主义法治国家的建设目标不断向前推进。同时，这一理论也是中华民族伟大复兴的核心支柱之一，为实现中华民族的伟大复兴提供了坚强的精神动力和理论保障。

第二节　中国特色社会主义法治文化的主体性培育

中国特色社会主义法治文化的主体性，指的是人民在法治文化建设中的地位和作用，强调人民既是法治文化的创造者和建设者，也是法治成果的享受者和受益者，体现了人民当家做主的原则，是推动法治中国建设的重要力量。

培育新时代人民主体是法治建设的关键一环，既要以“全过程人民民主”为目标推进保障人民当家做主的制度建设，又要多方发力为其更新、净化和注入新时代的主体意识，更要在现实中构建起多元共治的治理格局和互动平台，为其创造更多民主参与和法律参与的机会。

一、推进全过程人民民主

民主与主体性之间的关系是深刻且密切的，它们相辅相成，共同推动社会进步。民主的核心在于人民的自主权和自我管理权，体现了人民决定自身命运和追求美好生活的基本权利。在民主制度下，“主”不仅仅是一个形式上的概念，更是“民之为主”的体现，这意味着人民是民主的核心主体，直接参与决策和管理，真正体现了人民的意志和利益。

社会主义民主具有其独有的特征。一是广泛性。在社会主义制度下，民主覆盖了全体人民，形成了以全体人民为主体的价值体系，确保了每个人都有参与社会治理的权利；二是真实性。这种民主形式强调主体权利与责任的统一，确保权利的行使与责任的承担相匹配，避免了形式上的民主而实际无效的情况。

全过程民主是这一理念的重要表现。它不仅强调人民在社会生活中应当全面参与，还注重参与的时间和空间上的全面覆盖。全过程民主要求人民在社会治理的每一个环节中都能充分参与，从决策的形成到执行和监督，每一个阶段都要体现人民的意志。同时，它也要求参与的方式要全面而深入，包括精神上的投入和身体上的参与，从而确保人民真正成为社会的主人，并在过程中不断培育和提升自身的主体性。

（一）有效回应主体的多元诉求

全过程人民民主的“回应式”特征及公意机制主要体现在其关切和回应主体需求的能力。根据马克思的主体性原则，全过程人民民主不仅要及时关注和回应主体的需求、利益、情感和愿望，还要保障和激励个人与社会主体性的发挥。这一机制强调的是对民众多元诉求的回应，通过“民意收集、需求整合、服务反馈、主体评价”的全链条式运行机制来实现。这种机制注重精准化、细节化和实效化，以确保各类需求都能得到及时有效的响应。

1. 建立民意精准定位的收集机制

民意收集的主要目的是理解公众的态度和需求，帮助决策者更好地实现民主目标。当前，我国已建立起“线上+线下”相结合的民意表达渠道，但在实际操作中仍存在信息质量不高和数量不足的问题。为进一步改进民意收集的有效性，需要进行“深耕细作”，深入探讨并结合中国社会主要矛盾的具体情境，主动深入群众生活，挖掘那些未被表达出来的潜在民意。为此，应建立一套隐形收集系统和识别机制，确保更全面地反映社会各阶层的声音。

在民意收集过程中，充分利用基层民主自治力量具有重要意义。将信息采集和处理权下放至基层，不仅能使治理更加人本化，还能提高民意收集的准确性和及时性。基层自治组织与居民的日常接触更为频繁，更了解群众的真实需求和意见，能够更高效地将这些信息反馈到决策层。

此外，搭建专门的平台，主动收集弱势群体的民意也至关重要。这一过程中，应从被动收集转变为主动咨询，积极了解底层群众的实际需求。将弱势群体的声音纳入公共政策制定中，能确保政策更具包容性和公正性，有助于缩小社会不平等，提高社会整体幸福感和凝聚力。

2. 建立需求精准转化的决策机制

当前利益表达机制存在一些显著问题，包括过于重视个体利益表达、网络空间匿名表达导致的不理性行为，以及忽视利益整合等。这些问题若不解决，将严重影响民主法治建设的推进。

为了应对这些挑战，亟须建立一个统一且具有人民理念的信息整合系统，以高效、保质地完成民意倾听工作。信息整合应始终站稳“人民立场”，鼓励群众的自主性和主体性，确保民众的需求能够得到充分表达和有效反馈。同时，应将人民的需求与国家的发展规划有机衔接，培养人民的主体性，使其成为国家发展的重要推动力。

在实践中，公众利益表达的成果应作为行政目标的起点，将其有效转化为国家政策，从而提供更优质的公共服务和高质量的产品。精准转化需求不仅有助于获得群众基础、赢得民众的信任和认同，更是民主法治深入人心、法治理念成为主体价值观的心理基础。因此，建立健全的信息整合系统，充分考虑并满足人民需求，既是推进民主法治建设的必要举措，也是实现国家长治久安的重要保障。

3. 建立质量和效率并存的服务机制

服务的主体间性体现了服务过程中主体与主体之间态度和价值的交换，强调服务人员与被服务者因其角色身份而进行的交往。这种互动不仅仅是简单的服务传递，而是深层次的价值认同和态度共鸣。因此，服务人员的培训尤为重要，必须建立健全的培训机制，通过社会主义核心价值观引导服务人员的职业道德，从而提升其服务意识和能力。

在公共服务体系方面，必须建立与经济社会发展水平同步的公共服务体系和制度框架，以规范服务者行为，为人民提供动态化和体系化的服务。此外，应激励人民主体积极参与民主建设，使其在服务过程中不仅是被动的接受者，更是主动的参与者和建设者。

服务的目标应聚焦于发现和高效解决主体的疑难问题，追求实质民主。为此，应建立以质量和效率为目标的广覆盖、高绩效、普惠型公共服务体系，确保每一个公民都能享受到高质量的公共服务。与此同时，创建非正式、开放性的服务空间，提升主体参与体验，使公众在轻松、开放的环境中表达自己的需求和意见。

优化利益表达和整合民意诉求的综合机制同样重要，这将有助于更好地反映和回应公众的多样化需求。推动回应现实生活压力和多元诉求的“回应式民主”，为公民提供表达和协商的平台，提升表达权实现程度，激发表达主体的活跃度。

（二）参与机制：切实提升主体的参与质量

在中国共产党的领导下，中国建立了以人民代表大会制度和多党合作政治协商制度为核心的民主政治制度，旨在满足和实现人民群众的利益和需求。这一制度体系通过五大民主参与方式，即选举、决策、协商、管理和监督，确保了人民群众广泛而深入的政治参与。在具体的参与机制上，中国实行了三位一体的模式，包括村民自治、居民自治和企业民主管理。为了保障官民共治制度的有效运行，中国从国家顶层设计到社会层面，构建了全面的制度保障体系。

公民积极且有效地参与国家政治生活，是衡量民主政治的重要标准之一，也是主体承担责任的一种方式。通过积极参与，公民不仅能够表达自身的利益诉求，还能够在民主治理中发挥建设性作用，从而推动社会进步和国家发展。

为了实现更加完善的民主生活，中国在现有制度基础上，采取了一系列措施。这些措施包括充分利用经典参与形式，扩大直接参与的范围，优化网络参与的方式，确保公民在行使权利的同时，能够自觉承担起相应的责任。这种权利和责任的统一，是实现真正民主生活的重要保障，有助于构建一个更加和谐美好的社会。

1. 用好经典参与形式

选举民主与协商民主的互补及实施，是中国人民参与政治的重要形式。选举民主通过直接或间接选举实现人民的授权与监督，协商民主则通过多层次、多渠道的协商对话促进共识形成和决策质量的提升。由于中国地域辽阔、人口众多，选举民主在基层采用直接选举，在县级以上采取间接选举，以适应不同地区的实际情况。这种方式确保了人民群众广泛参与选举，同时提高了选举的效率和可操作性。协商民主在中国则拥有广阔的发展空间，通过政治协商会议、社区协商等多种形式，充分吸纳各方面的意见和建议，与选举民主协调并进，共同发挥作用。选举民主提供了权力的合法性和基础，协商民主则通过广泛深入的对话和交流，提升了决策的科学性和公正性。

（1）发挥各自优势，坚守根本原则。要使协商民主与选举民主各自发挥其独特优势，必须坚定不移地维护中国共产党的执政地位与中国特色社会主义制度，这是关乎根本与长远的原则。只有在中国共产党的坚强领导下，“民主”这艘航船才能在社会主义的航道上稳健前行，不偏航、不偏向。同时，协商民主与选举民主并不是孤立的，而是相互依存、相互促进的。只有让两者相互补充、相互借鉴，才能共同推动我国民主政治的不断进步。

（2）深化改革理念，提升人民参政能力。作为领导主体的执政党，需要不断深化改革理念，致力于提升人民群众的参政议政能力，即充分激发人民主体的能动性。这不仅是对人民群众民主权利的尊重，也是推动国家民主政治发展的重要动力。为此，执政党一方面要自觉提升自身的判断力、观察力与政治力，确保在复杂的政治环境中能够做出正确的决策和判断。同时，执政党还要坚持以人为本，通过自上而下的方式与手段，有效调整并平衡各利益相关群体的诉求，确保社会的和谐稳定。另一方面，执政党还须针对人民群众的参政议政能力与精准表达能力进行系统的专业培训，向他们传授专业的协商知识与相关知识，不断提升其协商素质，并锻炼其理性思维。通过培训和教育，使人民群众能够更加深入地了解民主协商的重要性和方法，更加有效地参与到民主协商中来。

（3）完善协商民主制度，实现广泛多层制度化发展。协商民主的核心在于主体在理性基础上的对话、讨论、辩论与审议，是一种效率高、参与广的民主制度。为了实现协商民主的“广泛、多层和制度化发展”，需要从多个方面入手。

第一，“广泛”不仅意味着要在国家机关之间不断拓展协商民主的渠道，并深入开展立法、行政、参政等各方面的协商，还意味着要在政党内部、政协内部广泛推广民主协商，让协商制度由上至下、由内至外全面渗透。要鼓励更多的人参与到协商过程中来，包括不同阶层、不同群体、不同地域的代表，确保协商的广泛性和代表性。

第二，“多层”则强调在国家行政结构的纵向上，要更加注重基层民主协商，促进政协与人民之间的良性互动。要建立健全基层协商机制，让人民群众在基层事务中有更多的发言权和参与权。同时，还要加强政协与人民的联系和沟通，形成上下联动、层层深入的协商格局。

第三，“制度化”则要求建设具有中国特色的协商民主机制，明确界定民主协商的主客体，健全和完善协商中介。通过制定相关法律法规和政策文件，为协商民主的长期稳定发展提供坚实的制度保障。同时，加强对协商过程的监督和评估，确保协商的公正性和有效性。

总之，只有不断完善协商民主制度，实现广泛多层制度化发展，才能推动我国民主政治的不断进步和发展。

2. 扩大直接参与形式

（1）确保利益相关人的参与。民主制度应以利益相关人为中心，而非简单地追求所有人的广泛参与。利益相关人，即直接受政策影响的个体或群体，其参与能够使决策过程更具针对性和有效性。通过聚焦这些关键利益相关者，能够实现民主决策与具体利益的有效结合，从而提升政策的公正性和执行力。

（2）限制基层代表对自治权利的侵蚀。保障群众的参与空间是确保基层治理有效性的基础。通过定期公开村务，能够让村民了解管理事务的具体细节，增加透明度。这不仅有助于增强群众对管理事务的知情权和参与感，还能有效防止基层代表滥用职权或不作为，从而维护自治权利的独立性和有效性。

（3）协调村民自治组织与乡镇政府共治共建。在协调村民自治组织与乡镇政府的关系方面，需要明确双方的权限和责任。村民自治组织应当享有对本村资源的自主权，以便于更好地管理和利用本地资源。乡镇政府则应与村民自治组织共同协作，共建共享，避免出现“真空”区域。

3. 优化网络参与形式

网络作为公共领域的重要性在现代公民社会中日益突出，它不仅成为信息传播的主要渠道，也为公民提供了一个方便的参与平台。网络的迅猛发展促使公民在政治参与和公共政策讨论中发挥了更为积极的作用。通过网络，公民能够快速、开放地表达诉求、提出建议，并对公共权力进行监督。

然而，网络政治参与也面临诸多挑战。网络的匿名性使部分用户能够在不受约束的情况下发布信息，这可能导致虚假信息的传播。网络环境的偶发性和难控性使恶意炒作和蓄意中伤行为时有发生，这些行为不仅扰乱了网络秩序，也影响了公民的理性参与。网络的随意性和快速传播的特性容易激发情绪化的反应，煽动网民的情绪，从而对公共舆论造成负面影响。

为了应对这些挑战，需要建立有效的信息发布和监督机制。信息发布制度应以政府信息为核心，确保信息的真实性和准确性，从而增强公民的参与积极性。同时，信息监督机制也应得到加强，及时辟谣和澄清误导性信息是关键步骤，这可以有效遏制谣言的传播，维护网络环境的健康发展。

此外，建设有效的网络参与机制也是提升网络治理水平的重要方面。一方面，要建立网络文明交流平台，这些平台应具备较大的容量，实行实名制，并且管理科学，引入专业评论员进行引导，促进理智的发声。另一方面，应提供更多灵活的讨论与交流机会，让主流观点与大众观点能够充分碰撞。通过这些讨论平台，可以引导价值共识的形成，增强民意的表达效果，从而实现更加全面和理性的网络政治参与。

（三）监督机制：深化落实权利制约权力

1. 强化宪法监督，树立宪法权威

宪法在现代法治国家中具有核心作用，它不仅是民主和人权的保障书，还承担着限制公权力的功能。《中华人民共和国宪法》作为国家的根本法，确立了人民主权原则，赋予国家机关以权力，并明确保障了人民的法律地位和政治参与权利。宪法对公民的权利和自由进行明确规定，促进了对政治发展的关注与监督。

宪法至上原则是法治的最高体现，这一原则要求所有法律和行政行为都必须在宪法框架内进行，确保依法治国首先依宪治国。宪法的有效执行关系到其要求、价值和作用的实现。

为了保证宪法的权威和有效性，宪法监督机制的建立和完善显得尤为必要。设立专门的宪法监督机关是实现宪法监督的基础。这些机关包括负责立法监督、宪法诉讼和宪法解释的委员会，其主要职能是审查规范性文件的合法性及处理具体的宪法纠纷。完善违宪审查制度是进一步强化宪法监督的关键。这需要细化违宪判定的标准，并建立相应的违宪制裁机制。拓展和细化宪法监督的范围也是提高宪法监督效果的重要手段。这不仅包括对法律法规的监督，还应涵盖直接适用宪法的行为。通过法律细化宪法规范，可以提高宪法的可行性，使其在实践中得到更有效地实施。

2. 落实党内监督，保证领导主体的先进性和纯洁性

中国共产党在民主法治建设中发挥着至关重要的领导作用，特别是在推动全过程人民民主和法治国家的建立方面，党内监督显得尤为关键。党内监督的主要目标是确保党章、党规和党纪的有效执行，这不仅有助于维护党的团结，还能有效解决领导虚化、观念淡漠及管党治党宽松等问题。

为了实现这一目标，中国共产党不断深化纪检监察体制改革，通过专责监督制度的建设，推动党内监督与其他监督形式的有机融合，从而有效制约党员干部的权力，防止权力的滥用和腐败现象的出现。此外，党内监督还注重构建多层级

的责任和监督制度。这一制度的实施推动了监督责任的下沉，使得监督工作能够覆盖到各个层级，从而强化了事前和事中的监督，及时纠正党员的偏差行为，确保党的政策和决策得到正确执行。同时，党内监督还特别注重加强纪律教育，将党性教育和廉洁教育贯穿于党员的成长全过程。

3. 提升监督质量，推进权力运行制约和监督体系制度化建设

在现代国家治理体系中，国家行政机关及其工作人员扮演着重要的执行者角色。他们负责将宪法和重大法律转化为具体的实施措施，将“书面法律”转变为“现实法律”。为了有效运行权力，需要建立健全的权力制约和监督机制，只有将权力纳入制度化的框架中，才能避免权力的滥用和腐败现象的发生。我国目前已有包括党内监督、人大监督等在内的八大监督体系，形成了内外结合、上下协同的监督格局。

此外，政治巡视制度的深化也是强化监督的重要措施。通过推动巡视工作常态化和制度化，形成上下联动、协同有力的监督格局，可以及时发现和纠正问题，增强监督的实效性。

国家监察体制改革的推进也是监督机制完善的重要步骤。通过建立统一高效的国家监察体系，实现对所有公职人员的全覆盖监督，可以有效增强对公权力的制约和监督力度。监督机制的作用不仅在于约束政党主体的自利性，促使其自觉守法，还在于激发公众对权力的主动约束意识。公众对权力运行机制及问题的认知提升，有助于社会对权力进行有效的监督和评价，从而推动社会治理的进一步完善。

在推进民主与法治建设的过程中，实现民主的法治化和法治的民主化至关重要。这一过程不仅能确保人民的主体地位，还能通过机制保障和制度引导，使人民当家做主的原则得以贯彻和落实。

二、培育人民主体的主体意识

在现代社会中，“公民”和“人民”这两个概念常常被提及，它们分别代表了不同的社会角色和法律地位。公民是指个体在法律体系中所具备的身份和主体资格，是享有法律赋予的权利与承担相应责任的个体。相对而言，“人民”则是

指公民的集合体，作为一个整体参与到社会主义民主政治和中国特色社会主义法治中，形成社会治理的基础。

公民的主体意识是其作为社会成员所应具备的重要意识。主体地位意识是指公民能够意识到自己作为社会主体的地位，即作为法律关系中的参与者，公民不仅拥有权利，还承担相应的责任。主体性意识则是指公民对自身权利和责任的认识，包括权利的范围和责任的大小。公民主体意识的主要方面包括权利意识、责任意识、平等意识、参与意识及法治意识。

从马克思主义视角看，主体在法治文化中权责分离的现象，反映了主体意识的不成熟。这种分离往往导致权利的滥用或责任的逃避，影响法治的有效实施。因此，提升公民的主体意识，是推进法治建设的一个重要方面。

在改革开放的过程中，我国法治建设不断推进，公民的主体意识得到了显著改善。然而，实际的进展与制度建设之间仍存在一定的差距。为了进一步提升公民主体意识，需要从多个维度入手，综合施策。

（一）理性审视市场经济

市场经济的双重性在多个方面得以体现，这种双重性反映了市场经济在推动社会进步的同时，也带来了挑战和问题。市场经济在平等与自由的催生方面发挥了重要作用。市场经济通过激发个体的自主意识和权利意识，促进了社会的平等与自由。个体在市场经济的环境中能够自主选择职业、消费和投资，这种自由选择的权利使得个体平等的意识不断增强。与此同时，维权意识的觉醒也得到了推动，个体在市场经济中认识到自己的权益，并积极寻求保护，这种现象显示出市场经济对社会公平与个人权利的促进作用。

然而，市场经济的另一面则体现在物质主义与自我中心主义的倾向上。市场经济以利益为导向，个体在追求经济利益的过程中，可能陷入物质主义的陷阱。这种以物质利益为主导的思维方式容易导致个体在追求个人利益的过程中忽视他人和社会的权益，进而形成自我中心主义的行为模式。

尽管我国已经建立了社会主义市场经济体制，但权利与责任的统一尚未完全在人民的主体意识中得到确立。市场经济和生产力的发展仍须进一步推进，以实现更为完善的社会运行机制。在这一过程中，深化改革与法治建设成为关键。通过依法治国，将市场行为纳入法律框架，明确市场主体的行为界限，可以有效规范市场竞争秩序，促进市场经济与法治建设的融合。

此外，对于市场经济的理性审视同样重要。应当在关注市场经济带来的积极变化的同时，警惕其对自我主义和公共责任感的侵蚀。为此，需要通过宏观调控来维护社会公正，增强主体对社会分配的信任。这种审视和调控不仅有助于维护社会的公平与和谐，也能够促进个体在市场经济中的积极参与与责任意识的提升。

（二）促进吸收法治精神

现代中国的法治精神是在深厚的传统民族精神基础上，并结合时代精神，通过精心提炼和深化而形成的。这一精神的核心在于推动客体主体化进程，即将社会中的各种事物和现象纳入主体的意识和行为规范中，从而引导和规范个体的行为。同时，运用法治精神来纠正主体意识中的偏差，保证社会各界对法治的认同和遵守是极为重要的。为了实现这一目标，必须促进社会精英与普通群众之间的广泛交流和互动，确保法治理念的有效传递。通过这种方式，可以使全体中国人民形成坚实的主体意识和法治观念，确保社会的法治环境和道德基础稳固。法治精神与主体意识之间的高度契合，使得法治精神成为滋养主体意识的重要精神源泉。弘扬法治精神，实际上就是将社会主义法治的深层次精神内涵深入人心，通过引导和教育，强化法治精神对主体行为的影响，促进社会的和谐与进步。

第一，积极并深入地探寻法治精神与社会伦理道德的有机结合点，致力于在正义原则的基础上实现法律与伦理的和谐统一，从而为法治秩序的建立和维持奠定坚实的基础。这是一条基于现实世界情况，旨在推动法治精神社会化的重要路径。社会伦理道德在人民群众心中具有深厚的基础，历经千百年的积淀，已经成为人们行为的重要准则。可以借此优势，通过更新和丰富伦理的具体内容，使其更加符合时代发展的要求，更加贴近人民群众的实际生活。同时，要充分利用伦理道德的心理导向作用，引导人民群众逐步接受并内化法治精神，使其与伦理道德相互融合，共同在民众心中深深扎根。

第二，为了更广泛地推广法治精神，确保其深入人心，须加强法治教育，确保其实效性、系统性和常态化。在实施主体意识教育时，需要根据主体的年龄、职业、教育水平、生活环境等多重因素进行细分，以科学合理地确定不同层次的主体意识培育目标。这意味着需要对不同的群体采取不同的教育策略和方法，以确保法治教育能够贴近他们的实际需求和生活经验。同时，还应充分考虑人的认知发展阶段和接受能力的差异，制定相应的主体意识培育内容和计划，构建一个由个人、家庭、学校和社会共同参与、相互支持的“四位一体”公民意识培育体系。这一体系的构建需要各方面的共同努力和协作，以确保公民能够在不同的生活场景中接受全面、系统的法治教育。培养主体意识的前提是增强公民对自身社会角色的权利和责任的内在认同和价值共识。要通过教育引导公民认识到自己在社会中的角色和责任，以及与他人之间的相互关系，从而培养他们的主体意识和法治观念。

第三，为了更深入地弘扬法治精神，确保其成为全社会的共同价值追求，要加强法治宣传，确保每一位管理者和实施者都首先成为普法活动的教育对象，然后再担任其管理者和实施者的角色。这意味着管理者和实施者需要养成终身学习的习惯，不断提升自己的知识水平和能力结构，以更好地履行普法活动的职责和使命。他们需要深入了解法治精神的内涵和价值，掌握相关的法律知识和实践技能，以便更好地向公众传播和推广法治精神。同时，从行为角度来看，“知行合一”不仅是普法活动的核心理念，也应是每一位管理者和实施者毕生追求的目标。他们需要通过自己的实际行动来践行法治精神，做到言行一致、以身作则，从而更好地推动法治精神的传播和普及。他们需要时刻保持对法治精神的敬畏和坚守，确保自己的行为符合法律的要求和社会的期望，为全社会树立良好的榜样。

第三节 中国式民主的法治保障与现代化新道路探索

一、中国式民主的法治保障

人民民主是一种全过程人民民主，要践行以人民为中心的发展思想，发展全过程人民民主。全过程人民民主不仅强调民主而且强调法治。落实全过程人民民主、提升民主制度的效能，离不开法治的保障。法治是全过程人民民主的重要载体，全过程人民民主与全面依法治国相辅相成。深入贯彻全过程人民民主理念，要在法治轨道上完善以人民代表大会制度为核心的中国式民主制度建设。

（一）中国式民主的核心要义

中国全过程人民民主是马克思主义民主理论中国化的重要成果。坚持中国共产党的领导、坚持以人民为中心、坚持依法治国是中国式民主的核心要义。其中，坚持中国共产党的领导，是发展中国式民主的根本保证；坚持以人民为中心，是中国式民主的本质和核心；坚持依法治国，是实现中国式民主的有力保障。

1. 坚持中国共产党的领导，是发展中国式民主的根本保证

中国共产党的领导是中国特色社会主义的最本质特征，也是中国式民主的优势所在。中国共产党自成立以来，始终把争取民主作为革命目标，不断创新和发展马克思主义民主理论。在早期政权实践中，中国共产党通过不断探索和实践，为中国民主政治的建设奠定了基础。

全过程人民民主是中国共产党领导下，人民在民主实践中的重要成果。它不仅体现了中国共产党对民主的深刻理解和科学运用，也反映了中国民主建设的独特路径。

中国特色社会主义民主模式是改革开放后中国共产党领导人民推进民主建设的重要成果。改革开放以来，中国共产党不断深化政治体制改革，推动了民主制度的完善和民主实践的拓展，使得民主制度更加符合中国国情和时代要求。

从历史和现实的角度来看，中国民主政治建设的历程是中国共产党引导人民探索适合中国国情的民主模式，实现人民当家做主的过程。在这一过程中，党的领导发挥了至关重要的作用。坚持党的领导是发展中国式民主和推进全过程人民民主的关键所在。只有在党的坚强领导下，中国才能不断深化民主改革，推动民主建设向更高水平发展。

2. 坚持以人民为中心，是中国式民主的本质和核心

“以人民为中心”的发展理念是习近平新时代中国特色社会主义思想的核心内容之一。中国共产党人的初心与使命始终围绕为中国人民谋幸福和为中华民族谋复兴展开。这一理念不仅体现了对人民群众根本利益的关注，也展示了社会主义民主制度的独特优势。中国式民主旨在实现人民当家做主，这一民主制度既顺应了民心，又尊重了民意、关注了民生，真正把人民的期盼和需求作为政策制定的依据。

在政策制定过程中，以人民的拥护、赞成和高兴为依据，是确保政策有效性的根本前提。以人民为中心的理念贯穿社会主义民主政治建设的全过程，其核心和力量源泉正是全过程人民民主。这种民主模式的精髓在于“全”与“人民”，即坚持全体人民的广泛参与和真实表达，才能实现最广泛、最真实、最有效的民主。

3. 坚持依法治国，是实现中国式民主的有力保障

全过程人民民主的核心理念不仅仅是一个政治口号，而是通过系统化的制度安排深入国家和社会的各个层面。人民代表大会制度作为全过程人民民主的根本性制度，通过全面的立法和制度设计，保障了人民的当家做主权利。这一制度通过设立各级人民代表大会，使得各类社会群体的声音能够通过代表制度充分反映到国家治理中，实现真正的民主决策。

法治保障在实现全过程人民民主中扮演着至关重要的角色。只有正确实施宪法法律和法治治理方式，才能有效保障民主的实施。法治不仅为民主制度提供了

法律基础，还通过制度化的法律程序，确保了民主决策的公正性和透明度，从而使民主原则得以真正落地。

主要的制度形式包括人民民主专政、人民代表大会制度、多党合作与政治协商制度、爱国统一战线、民族区域自治制度及基层群众自治制度。随着民主制度的不断深化，立法确认显得尤为重要。原创性的民主制度需要通过立法予以确认，以确保其合法性和稳定性。同时，全面依法治国的原则应当得到坚持，以保障中国式民主的持续发展和完善。

（二）中国式民主的时代价值

全过程人民民主是极具中国实践特色和话语品格的中国式民主理论，它是对中国共产党带领人民开创的人类民主政治新形态的凝练，也是中国共产党在长期探索和推进中国特色民主政治建设中形成的宝贵经验。全过程人民民主重要理论的提出，彰显了中国式民主的理论自信与制度自信，对于在全球民主建设领域引领国际话语权和构建人类民主政治话语新秩序具有重要意义。

1. 全过程人民民主是符合中国实际情况的民主道路

全过程人民民主，作为一种深刻体现中国实际情况与独特国情的民主道路，充分展示了民主形式的丰富多样性和民主化道路选择的非唯一性。在全球范围内，各国民主的实践与发展无不深深植根于其自身的历史、文化与社会现实之中，证明了民主道路的多样性及其与本国实际紧密结合的重要性。

中国人民在追求民主的过程中，不仅积极借鉴了人类政治文明的有益成果，更关键的是，将这些普遍原理与中国的具体国情紧密结合，走出了一条既独立自主又符合自身特色的民主发展道路。这一道路，既是对中国悠久历史文化的传承，也是对现代社会政治发展规律的深刻把握，体现了理论与实践相结合、普遍性与特殊性相统一的智慧。

进入新时代，中国共产党中央委员会在深入总结中国民主政治建设丰富经验的基础上，创造性地提出了全过程人民民主的重要理论。这一理论不仅深刻揭示了民主的本质与内涵，更在实践中展现出了强大的生命力和显著的制度优势。全过程人民民主强调民主的全链条、全方位、全覆盖，确保人民的意志和利益在国家政治生活和社会治理中得到充分体现和有效实现，真正做到了民主价值与民主实践的有机统一。

因此，全过程人民民主在中国的成功实践，不仅是中国民主政治发展的一大里程碑，也为世界上其他国家探索符合自身国情的民主道路提供了宝贵的经验和启示。它证明了民主不是千篇一律的模式，而是应当根据各国的具体国情和历史文化，不断探索和创新，以实现真正的民主治理和人民的全面发展。全过程人民民主，正是这样一条基于中国实际、顺应时代发展、致力于人民幸福的民主之路。

2. 全过程人民民主为人类民主事业发展探索了新路径

民主作为人类共同的价值追求，其重要性不言而喻。然而，通往民主的道路却并非一条既定轨道，而是多种多样，各具特色。中国，作为一个拥有近世界五分之一人口的庞大国家，其人民真正实现当家做主的历程，不仅是中国民主实践的辉煌篇章，也充分证明了中国式民主作为一种具有独特优越性的民主模式，为世界民主事业的发展提供了新的视角和思考。

中国式民主的成功经验，核心在于树立了正确的民主观，并在此基础上一以贯之地坚持、发展与创新民主制度。传统的“一人一票”民主形式，在中国式民主的实践中得到了超越与升华。中国证明了，真民主、好民主并非仅仅停留在形式上的选举与投票，而是人民实质性当家做主，是人民广泛且深入地参与到国家和社会事务的管理中来。

中国式民主强调，民主不仅要求人民拥有选举、投票的权利，更要求人民拥有广泛且实质性的参与权利。这种参与不仅仅是形式上的，更是内容上的，要求民主能够真实反映人民的意愿，有效实现人民对美好生活的向往，并切实保障人民享受发展的成果。全过程人民民主，正是在这样的理念下应运而生，它实现了民主与集中、过程与效率的有机统一，也实现了人民利益需求与维护人民利益的有机连接。

全过程人民民主的提出，不仅推动了中国人民民主的发展，助力了中华民族伟大复兴，更在丰富人类政治文明形态方面做出了重要贡献。它为人类民主事业的发展贡献了中国方案、提供了中国智慧，探索出了一条既符合中国国情又具有普遍意义的新路径。这一路径的提出与实践，无疑为人类民主的未来发展开辟了新的可能性和广阔的空间。

3. 全过程人民民主主张国际关系民主化，体现对世界和平的追求

民主的表现形式是多样且富有差异的，而非各国间千篇一律的模板。因此，在民主的问题上，各国应当秉持相互尊重、求同存异的原则，避免对他国的民主实践进行武断的评判和干涉。中国式全过程人民民主，在国际交往的广阔舞台上，坚定地主张国际关系民主化，积极弘扬民主精神，倡导尊重各国主权、平等协商、团结合作等一系列正确且富有建设性的理念。

近年来，面对日益复杂的国际形势和层出不穷的全球挑战，我国始终不渝地倡导多边主义，致力于推动国际关系的民主化和全球治理的完善。通过“一带一路”倡议，我国创造了一种新型全球化发展模式，为各国提供了共同发展、共享繁荣的新机遇。同时，人类命运共同体理念的提出，更是为全球治理提供了富有中国智慧和中国方案的答案，彰显了我国对世界和平与发展的坚定追求。

在全球化时代，面对各种全球性挑战，推动民主治理显得尤为重要。我国主张加强各国间的互联互通，追求互利共赢的目标，共同构建人类命运共同体。中国式全过程人民民主的实践，不仅是对本国民主制度的不断完善和发展，更是对国际关系民主化的有力捍卫和弘扬。它体现了真正的民主精神，即尊重多样、包容差异、追求和平、共谋发展，为世界的和平与繁荣贡献了独特的中国力量。

（三）中国式民主的法治实践

中国全过程人民民主并非仅停留于理论层面的纸面民主，其在发展过程中形成了丰富的法治实践形式。中国共产党在领导人民发展民主政治的过程中，不断创设并完善人民当家做主的制度体系，以法治形式保证人民依法实行民主选举、民主决策、民主管理、民主监督，彰显出我国全过程人民民主全链条、全方位、全覆盖的鲜明特色，并不断将坚持人民当家做主的价值体系与坚持人民当家做主制度体系统一起来，实现人民当家做主价值的制度化与人民当家做主制度的价值化的有机融合。法治实践形式主要包括以下方面：

1. 实行人民民主专政的国体

中华人民共和国是工人阶级领导的、以工农联盟为基础的人民民主专政的社会主义国家。这是从阶级属性、人民民主属性、社会主义属性等维度对人民民主专政本质及其特点做出的深刻揭示。就概念而言，民主与专政是一对辩证统一的概念范畴：一方面，“民主”体现了一切国家权力为人民所有，人民依照宪法法律规定，通过各种途径和形式，管理国家事务，管理经济和文化事业，管理社会事务；另一方面，“专政”体现了国家为保障人民当家做主需要充分履行专政职能，严厉打击破坏社会主义制度、破坏民主政治制度、危害人民利益的违法行为。民主与专政的辩证统一关系揭示了社会主义民主制度的社会基础，反映了我国现阶段民主发展的阶级特性。坚持民主与专政的统一，是保障人民广泛享有民主的政治前提。

2. 实行人民代表大会制度的政体

人民代表大会制度是全过程人民民主的政权制度，也是贯彻落实全过程人民民主的主要制度渠道。就法治角度而言，人民代表大会制度能够从根本上保障和发展中国式民主。

（1）人民代表大会制度能够有效代表人民意志。全国人民代表大会和地方各级人民代表大会的代表应当具有广泛的代表性，应当有适当数量的基层代表，特别是工人、农民和知识分子代表；应当有适当数量的妇女代表，并逐步提高妇女代表的比例。人大代表的构成涵盖了各地区、各民族、各行业、各阶层。最基层的群众意见能够通过乡、县、市、省、全国五级人民代表大会逐级向上传达。自改革开放以来，我国的人民代表大会制度逐渐发展成熟。由此可见，人民代表大会制度是能够真正代表人民意志的制度。

（2）人民代表大会制度能够有效表达人民意志。世界民主政治实践表明，人民意志的表达必须通过特定的程序规则方能实现。在人民代表大会制度中，虽然不存在党争，但人大代表的个体意见往往较为分散，需要通过议事规则加以动员整合才能使人民意志得到更好的表达。为此，全国人大通过了《中华人民共和国全国人民代表大会议事规则》，对全国人民代表大会议事过程中的相关问题做出了规范，其中囊括了会议的举行，议案的提出和审议，审议工作报告、审查国家计划和国家预算，国家机构组成人员的选举、罢免、任免和辞职，询问和质询，专门事项调查，发言和表决，结果公布等议事程序问题。这充分说明人民代表大会制度能够通过程序法治的方式保障全过程人民民主的实现。

（3）人民代表大会制度能够将人民意志转化为国家意志。人民代表大会制度是人民意志转化为国家意志的法治工具。作为代表人民行使国家权力的代议机关，人大机关位于国家权力体系的顶点。根据宪法规定，各级国家行政机关、监察机关、审判机关、检察机关都由人民代表大会产生，对人大负责、受人大监督；行政机关、监察机关、审判机关、检察机关主要负责人均由人大任免；与国家发展、人民利益直接相关的重大事项，如国民经济和社会发展计划、国家的预算和预算执行情况均应由人大审查批准。国家治理和社会治理中的一切重要决定事项必须符合人民的意愿，公共决策机制必须有人民的广泛参与。在宪法与法律的框架下实行民主政治，必须坚持人民代表大会制度。人民代表大会制度是符合中国国情、体现中国式民主本质、保证人民当家做主的好制度，必须长期坚持、全面贯彻、不断发展。

3. 坚持和完善中国共产党领导的多党合作和政治协商制度

中国共产党领导的多党合作和政治协商制度是全过程人民民主的政党制度。政治协商制度所体现的协商民主是全过程人民民主的重要形式。在人民民主的共同愿景下，中国共产党与各民主党派长期共存、互相监督、肝胆相照、荣辱与共，共同发展和促进全过程人民民主。

"政治协商"一词反映了我国执政党与各民主党派之间的基本关系，揭示了中国式协商民主的基本实现方式。政治协商会议是中国式协商民主的基本组织形式。在中国共产党的领导下，各民主党派、无党派人士以会议协商、约谈协商、书面协商等形式，就国家和地方重大政策和重要事务进行协商，民主党派人士、无党派人士在政治协商会议上为国家发展建言献策，推动中国式民主的发展。协商合作是中国式协商民主成功的制度密码，积极吸收各民主党派、无党派人士参政是政治协商工作的重要内容。中国共产党和各民主党派、无党派人士在国家政权建设中合作共事，民主党派成员和无党派人士在各级人大代表、人大常委会组成人员及人大专门委员会成员中均占一定数量，一些民主党派成员和无党派人士担任国家机关领导职务。

此外，中国共产党及中国共产党领导下的各级行政机关、监察机关、审判机关、检察机关等都要自觉接受各民主党派、无党派人士的民主监督。中国的政治协商制度通过制度化、程序化、规范化的制度安排，保障各政治团体有序、高效表达意见，极大地推动了决策的科学化与民主化。

4. 坚持和完善民族区域自治制度、基层群众自治制度

民族区域自治制度充分保障了各族人民当家做主。民族区域自治是中国共产党解决我国民族问题的基本政策，是国家的基本政治制度。中国是统一的多民族国家，全国各族人民在中国共产党的领导下平等地参与民主政治建设。民族区域自治制度在充分考虑了民族与地区差异的同时，保障少数民族公民享有平等自由权利及经济、社会、文化权利。民族区域自治制度体现了统一与自治的结合、民族因素与区域因素的结合，是符合中国国情的民主政治典范。

基层群众自治制度充分保障了人民群众当家做主。中国人民在中国共产党的领导下对农村村级、城市社区公共事务和公益事业直接行使民主权利，这是中国式民主的重要表现形式。中国实行以村民自治制度、居民自治制度和职工代表大会制度为主要内容的基层群众自治制度，人民群众在基层党组织的领导和支持下，依法直接行使民主权利，实现自我管理、自我服务、自我教育、自我监督，有效防止了人民形式上有权、实际上无权的现象。基层群众自治制度有效衔接了人民代表大会制度、中国共产党领导的多党合作和政治协商制度、民族区域自治制度，共同构筑了人民当家做主制度体系，使我国人民当家做主不仅体现在国家事务层面、体现在经济和文化事业层面，也体现在社会事务层面，使我国全过程人民民主制度链条更加完整。全过程人民民主包括了选举民主、协商民主、社会民主、基层民主、公民民主等民主政治的全部要素，实现了过程民主和成果民主、程序民主和实质民主、直接民主和间接民主、人民民主和国家意志相统一，充分展现我国社会主义民主的广泛性和真实性。

二、中国式法治现代化的新道路

中国式法治现代化道路是坚持党的领导、以人民为中心，立足于中国国情和

实际，并积极借鉴人类法治文明成果，走出的一条具有中国特色、中国风格、中国气派的法治现代化道路。这条道路自上而下、自下而上双向互动推进，坚持试点先行、稳步推广的改革模式，并融通古今中外优质法治资源，不断推进法治理论、法治体系和法治方法创新。“现代化是多层面的社会变迁过程，具有整体性、持续性和阶段性的特征，而法治是实现现代化的制度保障。”① 中国式法治现代化的成功实践，为发展中国家走向法治现代化提供了全新选择，为人类探索建设更好国家和法律制度贡献了中国智慧和中国方案。

中国式法治现代化新道路具有鲜明的中国特色、时代特色、历史底色，它不是对原有道路的小修小补，而是国家治理的深刻革命和历史变迁。因而，需要有更高的历史站位、更宏阔的理论视角、更全面的实践认知，才能找准它的定位、目标、路径。中国式法治现代化新道路的宏观样态可从战略定位、发展目标、路径选择等方面描述和展示。

（一）中国式法治现代化的新道路的战略定位

没有民主法治，就无从谈起社会主义及其现代化。在新时代的征程中，法治在统筹推进伟大斗争、伟大工程、伟大事业、伟大梦想的实践中发挥着固根本、稳预期、利长远的重要作用。它不仅是建设富强民主文明和谐美丽的社会主义现代化强国的基础性和保障性力量，还在应对国家重大挑战、抵御重大风险、克服重大阻力、解决重大矛盾中展现出“国之重器”的非凡威力。为实现中华民族伟大复兴的战略全局，必须不断发挥法治的制度优势和治理效能，以解放和增强社会活力，促进社会公平正义，维护社会和谐稳定，确保党和国家长治久安。

全面推进依法治国，这一关乎我党执政兴国、人民幸福安康及党和国家长治久安的重大战略问题，是完善和发展中国特色社会主义制度、推进国家治理体系和治理能力现代化的重要方面。鉴于我国人口众多、地域辽阔、民族多元、国情复杂的实际情况，依法治国对于保证国家统一、法治统一、政令统一、市场统一，以及实现经济发展、政治清明、文化昌盛、社会公正、生态良好具有不可估

---

①张生．历史经验与现实选择：在法治轨道上推进中国式现代化［J］．河北师范大学学报（哲学社会科学版），2023，46（01）：1.

量的价值。因此，全面推进依法治国无疑是我党执政兴国的一个全局性问题。

全面推进依法治国不仅是一个系统工程，更是国家治理领域一场广泛而深刻的革命。它的革命性意义在于实现了从封建治理到民主治理的历史性变迁，完成了从人治到法治的根本转折，弥补了新民主主义革命和社会主义革命因历史条件限制而未能彻底完成的任务，彻底改变了人治思维和治理模式，实现了党和国家各项工作的法治化。这一深层次、全方位的治理革命为中国式法治现代化提供了强大动力。

新时代的中国法治建设实践证明，只有将法治和法治现代化置于中国特色社会主义总体布局中进行定位，才能深刻把握法治现代化的历史方位；只有在全面推进中国特色社会主义现代化事业中同步推进法治现代化，才能顺利实现法治现代化的目标；只有把法治现代化与经济、政治、文化、社会、生态等各领域各层面的现代化统筹安排、一体推进，才能使之相互促进、相得益彰、共同实现。正是基于这一科学认知和历史定律，中国共产党带领人民开创了中国式法治现代化的新道路，迈上了建设社会主义现代化法治强国的新征程。

（二）中国式法治现代化的新道路的发展目标

在全球范围内，法治模式多种多样。中国共产党人经过系统考察与深度反思，从古今中外各种法治模式中汲取经验，坚定地树立了“良法善治”的核心理念，并明确指出要走中国特色社会主义法治道路，致力于建设一个良法善治的法治中国。

良法善治不仅是对法治形式的要求，更是对法治内涵的深刻诠释。良法，意味着法律必须公正、合理、科学，能够真实反映社会发展的客观规律和人民的根本利益。它要求立法过程公开透明，充分吸纳社会各界的意见和建议，确保每一项法律法规都经过深思熟虑，既契合宪法精神，又体现时代要求。善治，则强调法治的实施必须高效、公正、有温度，既要严格执法，维护法律的权威性和严肃性，又要注重司法的人文关怀，让人民群众在每一个司法案件中感受到公平正义。

为了实现良法善治的法治中国目标，应坚持将社会主义核心价值观深度融入立法过程。这意味着法律不仅要追求形式上的完善，更要注重实质上的正义。要力求每一项法律法规都真实反映人民意愿，体现人民利益，从而赢得人民的拥护和支持。同时，在执法与司法环节，也积极践行社会主义核心价值观，坚持严格执法，弘扬真善美，严厉打击假恶丑现象，确保司法公正无私，让人民群众切实感受到法治的力量和温暖。

此外，还应按照社会主义核心价值观的基本要求，不断完善各行各业的规章制度，修订市民公约、乡规民约、学生守则等行为准则。希望通过这些努力，使社会主义核心价值观成为人们日常工作生活的基本遵循，从而营造一个风清气正、和谐有序的社会环境。在这样的环境中，每个人的权益都能得到充分保障，每个人的行为都能受到公正评价，每个人的梦想都能得到公平实现的机会。

（三）中国式法治现代化的新道路的路径选择

推进全面依法治国是推进中国法治现代化的实践选择，是实现中国法治现代化的必由之路。而推进全面依法治国，必须坚持党的领导、人民当家做主、依法治国有机统一；坚持依法治国和依规治党有机统一；坚持依法治国和以德治国相结合；坚持依法治国、依法执政、依法行政共同推进，法治国家、法治政府、法治社会一体建设；坚持以建设中国特色社会主义法治体系为总抓手；坚持以法治领域全面改革为强大动力。

1. 坚持党的领导、人民当家做主、依法治国有机统一

党的领导是人民当家做主和依法治国的根本保证，人民当家做主是社会主义民主政治的本质特征，依法治国是党领导人民治理国家的基本方式。人民代表大会制度是坚持党的领导、人民当家做主、依法治国有机统一的根本政治制度安排，保证人民当家做主必须坚持和完善这一根本政治制度。人民代表大会制度有利于发挥党总揽全局、协调各方的领导核心作用，保证党的路线方针政策和决策部署在国家各项工作中得到全面贯彻和有效执行。人民代表大会是中国人民实现当家做主的根本途径和最高实现形式。只有全国人民代表大会和地方各级人民代表大会充分发挥作用，才能把人民意志有效地通过法定程序转化为国家法律法规，使国家治理始终符合人民意愿、得到人民拥护，使人民当家做主不会沦为一

句口号。人民代表大会制度为全面依法治国提供了政治基础和制度前提。全面依法治国就要依照人民代表大会制定的宪法法律推进国家各项事业和各项工作，保证人民平等参与、平等发展权利，维护社会公平正义，尊重和保障人权，实现国家各项工作法治化。

坚持党的领导，坚持人民当家做主，就要实施好依法治国这个党领导人民治理国家的基本方略。党的领导和社会主义法治是一致的，只有坚持党的领导，人民当家做主才能充分实现，国家和社会生活制度化、法治化才能有序推进。同时，坚持依法治国、依法执政，有利于巩固党的执政地位、改善党的执政方式、提高党的执政能力、完成党的执政使命。任何时候、任何情况下，都不能把坚持党的领导同人民当家做主、依法治国对立起来，更不能用人民当家做主、依法治国来动摇和否定党的领导。

2. 坚持依法治国和依规治党有机统一

坚持依法治国和依规治党有机统一，是中国式法治现代化新道路的鲜明特征。在我国，中国共产党是中国特色社会主义事业的领导核心，是唯一执政和长期执政的党，拥有历史决定、人民选择、宪法确立的对国家和社会的领导权和执政权。由中国共产党的这种性质、地位和使命所决定，必须坚持依法治国和依规治党有机统一，统筹推进全面依法治国和全面依规治党，形成国家法律制度和党内法规制度相辅相成、相互促进、相互保障的格局，促进党的制度优势和国家制度优势相互转化、形成合力。

从理论上看，依法治国和依规治党有着内在的必然联系，治党与治国相辅相成、不能分割，依法执政与依规执政高度契合、缺一不可。在推进法治现代化实践中，着重从七个方面统筹推进依法治国和依规治党：全面加强党对立法工作的领导；把党内法规制度体系纳入中国特色社会主义法治体系之中；扩大党政“共同立法”、共同印发指导性、规范性文件；推进宪法与党章、国家法律与党内法规统一实施；建立健全依法治国和依规治党统筹协调体制机制，坚持依法治国和依规治党同谋划、同部署、同推进；大力推进党和国家治理体制改革、探索职能相近的党政机关合并设立或合署办公。

3. 坚持依法治国和以德治国相结合

法律与道德在社会治理中扮演着至关重要的角色。法律可以被视作成文的道德规范，而道德则是内心的法律，二者均致力于规范社会行为，并维护社会秩序。法律通过明确的条款和规定对行为进行约束，确保公正与秩序；而道德则通过内心的自律和社会的共同价值观对行为进行引导，促进个体和集体的良好行为。

法治与德治是国家和社会治理的两种核心方式。历史经验表明，礼法并重、德法合治的时期往往能够实现良好的治理效果。中国式法治现代化的路径要求结合历史经验，坚持依法治国与以德治国相结合。这意味着，在推进法制建设的过程中，必须充分发挥道德的作用，使法律与道德相辅相成、相互促进。法律不仅要体现道德理念，还应通过强化法律对道德建设的促进作用，使法治精神得到滋养。同时，道德的力量也应通过强化对法治的支撑作用，推动法治的发展。

在中国的法治现代化道路上，德法并行是核心原则。中国的法治进程不仅体现了对历史和现实的尊重，更符合治理的逻辑一致性。法律与道德并行推进，体现了中国对法治与德治兼治的重视，从而实现了在现代化进程中对传统文化与现代法律体系的融合与创新。

4. 坚持依法治国、依法执政、依法行政共同推进

在推进法治建设的过程中，依法治国、依法执政和依法行政必须作为一个有机整体进行推进。依法治国是宪法所确定的基本方略，其核心在于党是否能够坚持依法执政，而各级政府是否能够依法行政是其关键实施环节。法治国家、法治政府、法治社会三者之间需要密切配合、相互促进。法治国家作为最终目标，强调国家整体法治化的方向；法治政府则作为实现这一目标的主体，负责具体的法律实施和政策执行；而法治社会则构成基础，通过全社会的法律意识和法治文化的培育，为法治国家的建设提供坚实的社会基础。

全面推进法治建设不仅需要实施依法治国、依法执政、依法行政的措施，还应致力于建设法治国家、法治政府和法治社会。此外，还需要促进国家层面、地方层面、区域层面、社会层面及行业层面的法治协调发展。这种全方位的推进不仅包括法律体系的完善，还要注重法治文化的建设，以确保法律与社会的深度融合与共同进步。

第五章　新时代背景下全过程人民民主理论及其法治维度

第一节　全过程人民民主的结构及优势分析

一、全过程人民民主的结构

“全链条、全方位、全覆盖既是对全过程人民民主内在特征的形象概括，也是对全过程人民民主程序、主体、客体的深刻把握。”①

（一）全覆盖民主

1. 经济民主

经济民主就是要在生产、分配、消费环节都体现民主的特征。改革开放初期，中国共产党人提出在经济领域讲民主、以民主调动人民的积极性，为发展全覆盖的全过程人民民主奠定基础。为此，国家一方面进行经济体制改革，发展商品经济解放生产力；另一方面以“集权-放权”为主题改革权力运作体制。最初，在国有企业混合所有制改革中，进行了工会、央企董事会试点、员工持股等制度安排以保护职工利益，保障每一个职员在经济单位中的民主主体地位。后来，企事业单位普遍建立了民主管理组织，在保证企业自我经营权的前提下，普遍建立了企业内部的工会、职工代表大会等机制，推进企业内部管理民主化。经济民主的关键是法治，经济法治本质上就是经济民主。

2. 政治民主

政治民主有完整的制度架构和深厚的实践基础，是全过程人民民主的主体内

---

① 王岩．全过程人民民主的显著特征及其对西方民主的超越［J］．马克思主义理论学科研究，2024，10（01）：52.

容和强力支撑。我国的政治民主具有根本性的颠覆意义，主要体现在以下方面：

（1）资本主义自由民主在政治领域内所实行的民主是以利益团体为单位进行民主竞争，同时宪法保护资本主义私有制，因此虽然能够通过公共政策的制定一定程度上提升社会福利，但却始终无法真正触动经济，消除贫富差距，实现全部国民的共同发展。我国的民主则是以人民根本利益为依据，能够从根本上调整、引导经济，实现区域的协调发展，制定有力的公共政策提高人民福利，保障人民的长远利益，消除绝对贫困，实现全面小康就是证明。

（2）我国政治民主的最大特点是作为执政党的中国共产党，以自身的党内民主、民主集中制和群众路线，领导着国家各项事业都朝向民主方向发展，充分带动群众、汇集民智、保护民利，带领人民建设起有效的民主制度。中国共产党是唯一有力量承担起政治民主化建设的政党，也一直以自身坚定的民主意识、民主理念和强大的民主能力带动民主化进程。

3. 社会及其他领域民主

社会民主主要表现为基层民主自治，立足于基层群众自治制度，城市居委会和农村村委会成为公民对身边生活具体事务进行自治的主要平台。新时代在政府资源和权力不断下放的背景下，基层自治更加活跃，探索出了多种多样的有效形式。

（1）社会组织广泛参与治理，这包括行业协会、商会、公益组织、专门领域服务类团体等在内的社会组织蓬勃发展，以及各社会组织对社会公共事务的广泛深度参与，与基层群众自治制度充分联合，形成崭新的民主治理面貌。

（2）互联网新平台的迅速崛起提供了崭新的公共讨论空间，成为新兴的社会民主表现方式。一方面，互联网所创造的公共空间极大地提升了公民意见表达、群众建言献策的活跃度和广泛度，深入推进了公民个人对国家政策的深入参与；另一方面，也将国家机构、政府机关、企事业单位和公民个人拉到了一个平等、直接、扁平化的对话空间中，同时做到了讨论事项完全开放、主体间对话完全公开，以及讨论过程易于公众聚焦三个特点，社会民主优势表现得淋漓尽致。

（3）在其他各领域如文化领域，公民的受教育权、创作权等基本文化权益都受到保障，公共文化服务不断均等化；在个人领域方面，社会成员依法享有自主组建、参与社会组织，以各种形式参与社会治理的自由；在国际关系领域，中国也始终推动构建人类命运共同体，主张共商共建共享，推进全球治理规则民主化等。

（二）全方位民主

1. 人大立法

人民代表大会是民主政治场域的根本支撑主体。人民代表大会的组织方式是由人民直接选举产生基层人民代表大会，然后逐级选举出全国人民代表大会，作为国家权力机关进行立法，使法律出自人民的意志，将党的主张和人民意愿转化为国家意志，保护人民利益；并由人民代表大会产生其他国家机构，监督其他机构工作，保证人民利益。另外，人民代表大会制度内部对于履行职责、工作进行也形成了一套完备完整的制度体系，从设置选举范围与程序的选举制度和规范代表性的代表制度，到规定立法工作的立法制度，再到履行监督职能的监督制度，和对日常组织工作方式方法的规定制度，都已发展成熟。

2. 党委领导

党委领导是一个包括纵向上下级党委关系、横向党委会与其他国家机构关系、内部党委会职能部门之间和成员之间关系的组织系统网络。党委领导是一个完整的民主制度。

（1）党委场域内部实行党内民主的政治原则，通过党的代表大会制度、党的委员会制度、党内选举和监督制度实现，并在组织方式上体现为民主集中制，因此党委的自身组织体现了民主。

（2）党委领导提供了维护民主的坚实保障。党的领导是全过程人民民主的根本政治保证，中国共产党代表着全体人民的共同利益、根本利益，是统领全局、协调各方、保证全过程人民民主整个结构体系始终向着人民利益方向发展不会变异变质的外部力量；同时，党是以党内民主带动其他方位民主的直接动力。

（3）党委领导作为一种凝聚机制存在，人民民主中的“人民”是一个整体性概念，将个人的意见汇集起来形成整体性的共同利益是一个过程，而党委领导就承担了这样的功能。通过群众路线、党内民主、外部协商等民主方式收集民意、聚拢民心、汇集民智，关注社会各个群体和个人的声音，将个体集合为整体性存在的“人民”，将个人利益聚合上升为共同意志，才能够实现人民民主。

3. 政协协商

人民政协虽然不具备国家权力机关属性，但却在实际政治生活中具有国家机关的组织形态、活动方式和财政供给，与“党委、政府、人大”并称四大班子。这一班子是极富中国特色的民主机关，履行着多种民主职能。

（1）人民政协作为“凝心聚力第一线、决策咨询第一线、协商民主第一线、国家治理第一线”，既具备在国家政治过程中主动提出社会议题的功能，也具备议题形成后广泛代表社会各群体提出看法的功能。而实现这一点的关键是，人民政协是各民主党派、无党派人士会聚的平台，因此其成员来自社会各个领域，是国家社会生活方方面面的精英代表，能有效容纳各个领域的观点和态度。

（2）在具体工作当中，形成了专题协商、对口协商、界别协商、提案办理协商等多种协商工作机制。不仅如此，正是以政协的协商为原点，政协才有力地助推了协商民主这一形式深入中国社会生活，形成多层次的制度体系和运作机制，并在成熟的地区实现了制度化。

4. 政府治理

（1）以人民政府为中心的治理场域在自身组织建设方面是贯彻民主原则的。政府治理基于人民代表大会制度，向人民代表大会负责、受人民代表大会监督，尤其是在人员方面，由人民代表大会选举产生，不称职者可以由选举者撤换。在运作制度方面，行政问责制度不断健全完善，责任追究力度不断加大；政府绩效评估开放化，通过“万人评政府”“公众满意度调查”等形式，群众参与的程度和范围不断增加，治理改进以人民满意为原则；政府职能社会化，以行政审批制度改革为关键，推动简政放权，吸纳更多社会主体承担公共职能。

（2）政府治理工作作为各政治场域中推进民主的最新发力点，呈现出公民直接参与治理实践的新面貌，由于政府治理工作是围绕公共政策展开的，因此公民直接参与就被纳入行政决策、行政执行和行政监督环节中来。通过听证制度、专家咨询和论证评估制度、政务信息公开化，将政策过程的议题提出、议程设置、方案制订、政策执行和效果评估等系列流程分解在公民视野下，构建制度化的平台使公民参与成为可能，打开了公民视角下的“政治黑箱”，打通全过程人民民主。

（三）全链条民主

1. 民主选举

（1）我国宪法规定了公民的选举权和被选举权。根据规定，我国的民主选举不设置任何附加门槛条件，民主之“民”是真正的广大人民。

（2）根据宪法，各级人民代表大会都由选举产生，使之代表人民的利益。基层人民代表大会由公民直接选举产生，然后逐级选举产生更高一级人民代表大会。作为国家权力机关，基层自治组织成员、国家机构其他组成人员的选拔任用都以人民代表大会制度为依托。通过这种人事上的任命权和责任上的“对之负责”，以选举产生的人民代表大会制度就支撑起我国的整个政治制度体系，奠定了民主政治的地基。在基层群众自治层面，包括居委会、村委会等在内的自治组织均使用直接选举的办法，而且很多地区已经探索出互联网线上投票的最新形式。

（3）党内民主选举制度包括规范候选人产生的候选人提名介绍制度，以及选举程序制度。提名介绍制度经过多次完善，确立了选举取代指定的原则，并逐步完善了先预选再确定最后选举、差额选举取代等额选举、无记名投票取代举手表决、投票前候选人先答疑述职介绍等具体实施规范；选举程序制度则逐步形成确认选民人数、通过选举办法、名单确认、宣布提名、检查票箱介绍注意事项、清点统计选票、报告票数并宣布当选者的完整流程。

2. 民主协商

民主协商被作为一种原则、方式，最重要的是作为一个环节在国家政治社会生活中广泛运用。这个环节的核心是协商，将关涉的各主体都集聚在一起，进行理性、宽容的彼此协商，相互尊重，礼貌有序，关切各方利益，彼此体谅包容，在讨论中达成妥协和一致意见。近年来，协商民主不断完善，就民主协商环节本身的程序而言，《关于加强人民政协协商民主建设的实施意见》《关于加强城乡社区协商的意见》《关于加强政党协商的实施意见》等文件相继出台，针对不同的协商渠道特点合理地设计具体的实施规程，构建起包括协商议题发起、方案制订、对象选择、活动形式选择、成果执行在内的全流程规范。就民主协商总体的制度化而言，《关于加强社会主义协商民主建设的意见》明确了政党协商、人大协商、政府协商、政协协商、人民团体协商、基层协商和社会组织协商等社会主义协商民主制度，他们在议题、内容、方式等方面各有侧重，同时横向联动、纵向衔接、综合运用。各个协商制度又根据自身主体和协商内容，创造出多层协商方式。

3. 民主决策

民主决策能够将更为广泛的个人意见纳入政治过程当中，而不仅是政治协商场景下的各主体、各代表。民主决策尝试最大限度地征询各方面、各主体的个人意见，使每一个普通公民的意见都有被直接采纳的机会。同时，这种民主决策也强调公民的参与贯穿决策前、中、后的全过程。我国的民主决策主要体现在以下方面：

（1）人大“开门立法”。基层立法联系点的全面铺开直接打通了“开门立法”的路径，从法律立项开始到法案起草、调研修改再到法案公布和评估，每一位公民都能够有路径直接建言献策并提出质询。

（2）政府“开门问策”。在互联网背景下，各级政府都对即将实施的重大决策和各方决策建议向广大人民群众征询意见，这种意见的征询涵盖决策启动、研究制定、草案公示和后期评估全流程，人民群众可以通过书面提案、座谈会、听证会、调研参与、网络媒体等诸多途径发表看法。

（3）群众参与基层决策。凡关乎群众身边生活的公共事务，大到社区经济、综合治理，小到健身器材、环境保护、文化活动等，群众都能够通过居（村）民会议积极参与，公开交流想法建议，充分加入决策制定和实施过程中来。除此以外，民主决策本身的议程设置主体也越发多元化，利益相关者、网络论坛、专家学者、人大代表、政协委员等广泛参与到政策议程设置中来，改变了以往政府精英主导的局面。

4. 民主管理

民主管理是实现公民直接参与政治活动、实现直接民主的基本环节，主要表现为城市、农村的基层社区治理，具化为民族区域自治制度和基层群众自治制度。根据我国法律规定，民族自治地方的自治机关行使自治权，比一般地方国家机关具有更多的权利。自治机关根据本地方的情况，在不违背宪法和法律的原则下，有权采取特殊政策和灵活措施，加速民族自治地方经济、文化建设事业的发展。因此，民族自治地方的人民代表大会有权依照当地民族特点制定自治条例和单行条例，如果上级国家机关的决议、决定、命令和指示，有不适合当地实际情况的，自治机关可以报经该上级同意变通执行或停止执行等。

在基层群众自治制度中，选举产生居民（村民）委员会，由委员会对社区（村庄）进行公共事务的管理与服务，由于这一管理范围很小，单个社区、村庄往往是几十人、几百人或上千人的规模，因此能够做到成员之间相互了解、进行直接选举、成员直接且深入参与公共事务过程中去。委员会组织法实施至今，全国居（村）民委员会的换届选举活动已经熟练常态化进行，社区居民会议和农村村民会议广泛进行，还创新了居民评议会、社区听证会等多种基层民主形式，以及村务公开、民主评议、专项小组等监督活动，都取得了很好的成效和一致好评。

企事业单位普遍建立了职工代表大会，形成包括厂务公开制度、职工董事制度、职工监事制度在内的民主管理制度；涉及行业管理、领域服务、慈善互助等多个领域的各社会团体、社会服务的社会组织也普遍自主开展活动，积极参与社会公共事务治理，积极发挥民主管理作用。

5. 民主监督

我国的民主监督作为一个专门环节，已经形成不同主体带领下常态化运作的多个制度，形成了一套相互协调、运行高效的监督网，包括人大监督、民主监督、行政监督、监察监督、司法监督、审计监督、财会监督、统计监督、群众监督和舆论监督十大要素，并以各自的系统架构统合形成了党和国家监督体系。这套全面的监督网可以大致分为党内监督、国家监督和社会监督三个板块。

党内监督以双重领导和“六位一体”为架构，以巡视制度为内容，实行对党员干部的有效监管；经国家监察体制改革对国家监察体制的重塑，包括人大监督制度、行政监察制度、司法监督制度、统计监督制度、审计监督制度等在内的监督制度形成了“六位一体”的国家监督体系；社会监督“三位一体”，主要包括人民政协监督、信访制度和特邀监察员制度，从多渠道实现人民群众监督。

民主监督不仅单独作为一个环节各自为战，在自身内部形成完整的监督制度和程序，而且在具体的政治程序过程中与其他环节相融合，民主选举、民主协商、民主决策、民主管理每个环节的内部都会充分引用各渠道监督，以监督护航，以监督收尾。

二、全过程人民民主的优势

“全过程人民民主既兼具传统民主体制下高度关注民主主体的来源、民主内涵的确定性和民主存在与否的界定标准等民主的正当性问题，也注重如何运用现代科学技术不断提升民主活动的技术保障能力和水准、不断提高社会主义民主的主体人民参与民主政治建设活动的效率。”①

（一）权益保障

通过有效的法治保障和制度设计，人民的基本权利和合法权益可以得到切实的保护。在这一过程中，法律法规和政策的制定与实施起到了至关重要的作用，确保人民的知情权、参与权、表达权和监督权能够得到全面保障。

---

①莫纪宏．论全过程人民民主的民主治理结构及其特征［J］．法治社会，2024（02）：1．

1. 知情权

在保障人民的知情权方面，信息公开制度的建立至关重要。通过信息公开，人民可以及时获取与其切身利益相关的信息，从而做出知情的决策。信息公开不仅要求政府和公共机构及时公开信息，还要求这些信息具有充分的可获得性和易理解性。此外，信息公开制度还应包括对信息获取的渠道和程序的明确规定，以确保信息的公开是透明和可行的。

2. 参与权

通过制度设计，确保人民能够广泛参与到公共事务的决策过程中，是民主社会的基本要求。参与权不仅体现在选举和投票权的行使，还包括对公共政策的制定和实施过程中的广泛参与。通过建立广泛的公众参与机制，可以增强公共决策的科学性和民主性，从而提高公共政策的合法性和有效性。

3. 表达权

表达权的保障要求建立健全的言论自由制度，确保人民可以自由表达自己的意见和观点。言论自由不仅包括通过传统媒体的表达，还包括通过互联网和社交媒体等新兴媒介的表达。通过保障言论自由，可以促进社会的多元化和包容性，从而为社会的和谐发展奠定基础。

4. 监督权

通过保障人民的监督权，可以确保权力的行使受到有效的监督，从而防止权力滥用。监督权的保障要求建立健全的监督机制，包括政府内部的监督机制和外部的社会监督机制。通过建立独立的监察机构和公开的监督渠道，可以增强监督的有效性和公正性。此外，通过保障人民的举报权和投诉权，可以鼓励公民参与监督，从而增强监督的广泛性和深入性。

（二）社会稳定性

在经济领域，全过程人民民主通过促进经济发展的公平性和包容性，减少了经济领域的社会矛盾。通过广泛的经济民主参与，可以确保经济决策的科学性和公正性，促进经济资源的合理配置和公平分配。经济领域的公平和包容不仅减少了贫富差距和社会不公，还增强了社会的和谐与稳定。

在政治领域，全过程人民民主通过增强政治决策的透明度和公开性，提高了政府的公信力和治理能力。通过广泛的政治参与，人民可以对政府的决策过程进行有效监督，防止权力的滥用和腐败现象的发生。政治领域的透明和公开不仅增强了政府的公信力，还提高了社会的信任度，从而促进了社会的和谐与稳定。

在社会领域，全过程人民民主通过促进社会各界的广泛参与和合作，增强了社会的凝聚力和向心力。通过广泛的社会协商和对话，可以促进不同群体之间的理解和包容，减少社会矛盾和对立。社会领域的合作和共识不仅增强了社会的和谐稳定，还促进了社会的整体发展和进步。

(三) 管用性

1. 制度治理的科学性

制度话语表达的是民主的价值诉求，而治理话语体现的是民主的功能取向。全过程人民民主正是基于制度层面的健全和治理层面的科学安排，实现了民主形式与实质的辩证统一，做到了民主真正的管用性。全过程人民民主都能够同时运用如社区座谈会的协商机制、人大代表政协委员调研、民主投票、人大代表和审计监督等在内的制度路径，和上门走访、直接征集意见、讨论会宣讲会、临时监督小组等因地制宜的治理措施，以制度为根本保障和直接资源，以绩效为管用导向，共同实现民意汇集、共识形成、治理管理的目标。

2. 中国共产党领导的权威性

全过程人民民主的管用性、有效性正来源于中国共产党的领导。中国共产党是全过程人民民主的构建者和推动者，致力于推动人民民主的不断发展。一方面，中国共产党的性质是先锋队，代表着中国人民的根本利益，全过程人民民主是实现人民根本利益的重要路径和方式，符合人民利益的需要，因此，中国共产党全力保障全过程人民民主的推行和运作；另一方面，权威治理结构下中国共产党的治理能力为民主治理提供保障。由于党组织具有强大的组织能力和动员能力，在基层治理中形成了权威主义的治理结构，这种结构下党的建设的强化能够充分推动民主治理。

3. 实践运作的高效性

全过程人民民主从萌生之初就是立足中国自身实践探索，在中国的土壤中生长并逐步完善的内生性制度安排，因此，有效必用、无用则弃，全过程人民民主不做形式化面子工程，总是力求解决治理中的各种实际问题。这一源于实践的制度体系，从公共治理到村庄环境恢复和城市社区动物保护，不论国家大事还是身边民生，都运转高效、表现良好，充分体现了全过程人民民主的实际效用。

（四）灵活适应

第一，全过程人民民主的灵活适应性体现在其对科技进步与信息化发展的积极回应上。全过程人民民主通过积极应用现代信息技术，提升了民主治理的透明度与效率。通过互联网、大数据等技术手段，全过程人民民主能够更好地收集与分析社会舆情，及时回应人民群众的关切与诉求，从而提升民主治理的科学性与精准性。

第二，全过程人民民主的灵活适应性是其制度优势的重要体现。它不仅体现在制度设计的灵活性上，还体现在实践操作的适应性上。通过灵活调整政策方向、广泛吸纳社会意见、积极应对社会矛盾、借鉴先进治理经验等多种方式，全过程人民民主展现了其在面对复杂社会环境时的应对能力与解决能力。

第三，全过程人民民主的灵活适应性体现在其对环境保护与可持续发展的高度重视上。通过制定与实施科学的环境保护政策，全过程人民民主能够有效应对环境问题，推动绿色发展与生态文明建设。这种灵活的环境治理机制不仅提升了社会的环境意识，还促进了经济社会的可持续发展。

第四，全过程人民民主的灵活适应性体现在其对公共服务的优化与提升上。通过不断创新公共服务模式，全过程人民民主能够提升公共服务的质量与效率，满足人民群众的多样化需求。这种灵活的公共服务机制不仅增强了人民群众的幸福感与获得感，还提升了社会的整体服务水平。

第五，全过程人民民主的灵活适应性体现在其对国际合作与交流的积极推动上。通过加强与其他国家的合作与交流，全过程人民民主能够学习和借鉴先进的治理经验，提升自身的治理水平。

第二节　全过程人民民主的鲜明特征与时代价值

一、全过程人民民主的鲜明特征

（一）人民性

1. 坚持以人民为中心的人民观

中国共产党领导的全过程人民民主以人民本位观为核心，明确体现了马克思主义人民立场和人民中心论，区别于其他非人民本位观的理论。该观念的本质是以回应人民诉求为基础，积极动员人民参与，推动理性协商，构建一个全面互动的民主系统。全过程人民民主强调权利与义务的平等，注重个人与集体利益的统筹，将人民的生命至上作为基本内容。

在经济基础方面，中国的经济制度以公有制和按劳分配为核心。这一经济模式不仅保障了社会资源的公平分配，也体现了马克思主义关于实现公平正义的原则。公有制作为经济的基础，确保了生产资料的社会化，按劳分配则实现了劳动者的相对公平，避免了资本主义制度下财富不均的弊端。

政治基础上，中国共产党始终强调各族人民的共同利益，致力于实现社会共识，推动公平正义的实现。这种政治基础的设立，是为了保障每个人的自由发展本性，体现了马克思主义关于人民至上的原则。

人民的主体发展是一个历史的过程，需要通过实践与理性成长来实现。马克思主义人民至上原则将个体发展与社会进步相结合，突破了西方个人主义视角的局限。与资本主义制度下个人与国家的矛盾相比，中国的社会主义制度致力于通过协调和合作，推动真正的自由与平等。

在应对重大灾情时，中国共产党通过协调各方力量，引导社会捐助和资本服务公共事业，集中力量办“大事”。这种做法充分体现了以人民为中心的发展思想。在政治、经济、社会领域，构建以权力保障民主的框架，利用国家力量推动人民的共同富裕，为个人自由的全面发展提供保障。这一理念不仅推动了中国社会主义现代化道路的开放自主发展，也为全球其他国家提供了有益的借鉴和参考。

2. 满足人民美好生活需要的幸福观

随着中国社会的不断发展，人民对美好生活的需求也在不断扩大和升级。这种需求的演变反映了物质文化需求向更高层次生活需求的转变。在中华人民共和国成立初期，由于生产力水平较低，无法有效满足人民日益增长的发展需求。然而，生产力是实现美好生活的基础。只有通过提升生产力，才能为人民创造更多的物质财富，从而奠定美好生活的物质基础。

新时代人民对美好生活的追求，已经超越了单纯的物质财富。除了物质生活的富足，人民还希望实现民主和谐的政治愿景。美好生活的内涵包括了经济富裕、社会公正、文化繁荣和政治民主等多个方面。

在这一过程中，中国特色社会主义的全过程人民民主发挥了重要作用。这种民主形式体现了人民在经济建设、文化发展与社会治理中的积极性和主动性，旨在通过广泛的社会参与来满足“人民日益增长的美好生活需要”。全过程人民民主不仅增强了人民的获得感和幸福感，也为社会的全面发展提供了重要的制度保障。

（二）广泛性

1. 民主程序全链条

（1）民主选举具有真实性。民主的核心价值在于体现大多数人的决定权，而不仅依赖选举作为唯一途径。尽管选举制度被西方视为民主的标志，但是它在实际操作中可能使民主的本质出现缺位。选举制度的优点是能够定期选择代表，提供了一种表决意愿的途径，但其固有的缺陷也不可忽视。

一是西方代议代表选举制度存在竞争性选举问题。这种制度将人民共同的利益割裂开来，使得在竞选过程中，候选人之间为了争取选票，往往需要在利益博弈中进行妥协和让步。这种竞争模式可能导致候选人承诺减少，最终难以实现选民的整体利益，从而削弱了民主平等的价值。

二是一次性授权问题也是西方选举制度的一大缺陷。在选举过程中，民主机制被充分激活，选民通过投票选择代表。然而，一旦大选结束，民主的活跃性便会显著下降，代表与选民的联系逐渐脱节。此时，许多职业化、精英化的议员往往变成了新利益集团的发声者，他们可能更多地代表特定利益而非广泛的公众利益。

三是决策特权问题同样影响着民主制度的有效性。议员代表在决策过程中拥有特权，其权责往往不对等。这种情况使得少数精英在决策中占据主导地位，取代了普通公民的利益决定权。选举结束后的决策权力集中在少数人手中，导致民主制度在实际操作中出现断层，使民主的本质在选举之后难以维持。

在我国基本政治制度框架下，基层群众自治制度通过授权委托体现其真正的代表性。农村理事代表制度作为全过程人民民主在基层的具体实践，展现了其真实性和广泛性。村民理事代表的产生不仅体现了村民的意愿，也在基层党组织的领导下，致力于推动公共建设和改善治理方法。这种制度设计旨在确保代表能够真实反映村民的利益和需求，从而提升治理效果。人大代表的选举在这个框架下同样需要充分考虑代表的组成，保证代表能够接受村民的强制性委托，并严格服从村民的整体意志。真实的民主不仅是形式上的选举，更要求选举过程中的公平正义和广泛参与。要实现这一目标，必须依托完善的民主选举制度和程序。

（2）民主协商的广泛性。在中国，协商民主具有独特的特色，不仅体现于党领导下的多党合作和政治协商制度，还涉及更为广泛的层面。中国的制度链条中，协商民主贯穿于选举、决策、管理和监督的各个环节，涵盖了党派、阶层、民族和团体等各类主体。具体来说，中国的人民代表大会制度与中国共产党领导的多党合作和政治协商制度相互配合，共同展示了民主协商与民主选举的协调运作。民主协商作为中国治理体系中的核心机制，通过各界利益群体之间的交流和沟通，旨在确保在重大决策形成前寻求最大公约数。这样的协商机制不仅能够最大限度地满足多数人的意愿，还能顾及少数人的合理要求，从而提高了决策的质量。在实践中，协商民主推动了各类主体的参与和互动，有效促进了社会的和谐与稳定。它通过制度化的协商平台，汇集了不同利益群体的声音，使政策制定过程更具包容性和广泛性。这种机制不仅体现了对人民民主的保障，也为中国社会的长期发展奠定了坚实的基础。

（3）民主决策的正确性。决策体制作为政治体制的核心系统，是政府活动的关键环节，对国家的治理和社会的稳定至关重要。然而，社会不平等问题的存在，导致社会阶级差距不断加大，使得资源分配出现不均。这种不平等的状况使得民主在实践中难以完全实现，进一步影响了政府决策的公正性和有效性。决策问题常常源于政府管理中民众参与的缺乏，这不仅影响了决策的合法性，还影响了决策的科学性。

在应对这些挑战的过程中，全过程人民民主作为一种先进的决策机制，强调依法决策、民主决策和科学决策的原则，将人民的参与贯穿于决策的全过程。这种机制不仅有助于提升决策的透明度和公信力，还能够确保决策更加贴近民众的实际需求。民主协商则是实施全过程人民民主的重要手段，通过在政策制定和执行中细化人民需求，组织人民参与，规范协商规则，完善议事程序，可以有效地提高政策的针对性和实效性。此外，建立健全的反馈机制也是提升决策质量的重要保障。通过及时反馈公共决策结果，建立科学的反馈和纠错机制，并接受民主监督，可以不断改进决策过程，纠正可能出现的偏差。

（4）民主监督的主动性。民主监督作为人民有序参与政治的关键途径，既是规范资源与权力分配的必然选择，也体现了现代公共行政理论对程序连续性和方法多维性的要求。在实际运作中，责任与监督往往是不可分割的双生关系。进入新时代，我国的民主监督方式逐步实现了多元主体和多种渠道的融合，包括人民代表大会和政治协商会议的监督、国家司法系统的监督，以及各类群众团体的监督。这些多样化的监督方式通过动员公共力量组织社会群体，确保政府权力的公正行使，最大限度地减少资源浪费，防范腐败现象发生。特别是人民政协在民主监督中的持续努力，不仅对其职能作用的发挥至关重要，也对全过程人民民主的建设具有深远意义。

2. 民主权利全覆盖

（1）知情权全覆盖。知情权是公民、法人与其他组织在法律框架内获取行政机关记录和保存的信息的基本权利。此权利不仅涉及国家法律和政策的制定及其执行过程，还关系到行政机关的透明度和公众的监督能力。知情权作为民主制度的核心构成部分，具有重要的社会和政治意义。

在数据开放法规的推动下，政府信息公开变得更加规范化。这些法规不仅为政府的信息公开设定了明确的标准，还保障了公民的知情权，使其能够在法律允许的范围内，获取与公共事务相关的信息。数据开放的实施不仅对生产生活产生了深远影响，还在经济活动中发挥了重要作用。

根据我国宪法的相关要求，政府须通过常态化、标准化的方式，公开有关信息。这种信息公开既包括主动公开，即政府主动向社会公布信息，也包括申请公开，即公民可以通过合法渠道申请获取信息。在新媒体时代，信息传播的速度和范围发生了深刻变化。政府利用主导的公共信息平台，能够及时传播权威信息，从而提升政府的公信力。在此过程中，政府不仅能迅速回应公众关切，防止舆情引发恐慌，还能维护马克思主义意识形态的正确性，增强民主治理能力。信息的透明公开，有助于政府提高工作效率，减少因信息不对称带来的误解和冲突。

此外，信息公开在提升党的执政能力和推动基层民主建设方面，也发挥了至关重要的作用。通过公开政策执行情况和决策过程，党和政府能够获得来自基层的反馈意见，从而更好地调整政策，满足民众需求。这种透明度的提升，进一步促进了社会的稳定与和谐，使党的执政根基更加牢固。

（2）表达权全覆盖。表达权作为公民的法定权利，由党和政府保障，体现了基本人权和公民政治权力，是政治改革和法治建设的重要成果。表达权的核心在于保障公民能够自由地表达个人意见和观点，这不仅是个人基本权利的体现，也是民主政治运作的重要保障。在新时代，数字人权成为一个重要的概念。数字人权不仅延续了传统的表达权，还反映了表达渠道多样化的法理概念。随着信息技术的发展，数字平台成为公民表达意见的重要渠道，这种渠道的多样性突破了传统“思想市场”的盲目性和资本化限制。数字人权强调民主与自治，致力于通过互联网等数字平台实现政府与人民之间的双向互动。

互联网平台的作用在表达权的实现中不可忽视。互联网为表达权提供了理想的平台和有效的手段，使得个人的意志可以更广泛地被表达和传达。通过互联网，公民能够更方便地参与政治讨论和社会活动，这种便利的表达方式有助于减少网络中的歧视冲突，并推动精英文化向大众文化的转变。互联网的普及和发展使得每个人都能够更平等地参与到公共事务中，增强了社会的包容性和多样性。在全过程人民民主的框架下，我国注重表达权的主体行为和政府的主动回应。全过程人民民主不仅关注公民的表达权利，还致力于完善表达通道的物质基础设施和制度保障。这种方式旨在消除数字鸿沟，使表达自由从观念性权利转变为实际可操作的权利。

（3）参与权全覆盖。公众参与社会治理不仅是全过程人民民主的核心要求和实践方式，也是推动社会治理格局向共建共治共享方向发展的关键因素。公众参与有助于提升人民的生活品质，反映了国家民主化程度和公众利益实现的水平。在社会治理过程中，公众的参与水平可以作为衡量国家民主化程度的重要指标。高水平的公众参与意味着更高的公众满意度和更强的幸福感，这对于构建公平、公正的社会治理体系具有重要意义。因此，应以人民群众的获得感和幸福感作为目标导向，建立和完善客观真实的评价体系。完善公民参与权相关制度，不仅体现了社会主义国家治理的民主化成效，也展示了法治化建设的进步。

（4）监督权全覆盖。全过程人民民主被视为一种理想的民主形态，它通过有效的公权力制约和监督模式，建立了人民与政府之间的信任与合作，并形成了全方位的监督体系。在全过程人民民主中，党内监督作为其核心组成部分，发挥着至关重要的作用。党内监督包括党委全面监督、纪委专责监督及党员民主监督。这些监督形式体现了党的自我监督和责任担当，形成了权力监督的核心和方向。除了党内监督，社会监督同样在全过程人民民主中占据了重要地位。社会监督包括民主监督、群众监督和舆论监督，这些监督形式充分体现了人民群众在历史发展中的主体作用。民主监督通过设立各类民主制度和机制，使人民能够直接参与公共事务的决策和监督。群众监督则依靠广大人民群众对政府工作的关注和反馈，发挥了实时监督的作用。舆论监督则通过媒体和公众讨论，揭示和反映社会问题，对政府决策形成有效的制约，促进了政策的改进和完善。协商民主在社会监督中发挥了关键作用，通过广泛的社会参与和讨论，增强了决策的科学性和社会认可度。

国家监督通过体系化的权力监督，确保了从深度、广度与力度上对政府行为的管理和监控。人民代表大会在国家监督体系中起着重要作用，它不仅对国家机关的立法和决策行使监督权，还通过设立专门的监督机构和程序，确保国家机关的工作符合国家法律和政策。同时，人民群众对国家机关的监督也是不可或缺的，人民通过各种渠道和形式对政府行为进行监督。

（三）真实性

1. 直接民主和间接民主的统一

全过程人民民主作为中国政治体制中的重要理念，其关键点在于民主形式的结合、决策层次的分明及直接与间接民主的互补作用。在这一民主体系中，民主形式的结合体现了直接民主和间接民主的有机结合。在基层民主中，直接民主形式得以充分展示，如在县级和乡级，人大代表由选民直接选举产生，体现了民众对自身代表的直接选择权。

然而，随着民主层级的升高，间接民主形式逐渐成为主导。在地市级及以上的层级中，人大代表通常通过间接选举产生。这一做法反映了民主决策的层次性，在更高层次的决策过程中，主要依赖政治精英、专家学者及民选代表的参与。

直接与间接民主在全过程人民民主中扮演着互补的角色。直接民主形式使人民能够直接行使选举权和表决权，更真实地表达个人意愿，这种形式适用于基层层级的民主实践。而间接民主通过选举代表，汇集各界的意见与建议，有效提高了决策的效率，并确保各层级的声音能够被全面考虑。两者结合，既保证了民主决策的广泛性，又兼顾了决策的高效性，共同推动民主目标的实现。

在全过程人民民主的实施过程中，宏观到微观的层面表现出民主实践的全方位覆盖。在宏观层面，民主协商机制被广泛延伸至全国各界，形成了一个多层次、广泛性的制度化协商平台。

在中观层面，各级人大与政协通过协商互助的方式，利用舆论和人民监督，形成了规范有序的政治体系，并有效跟进社会治理项目。这种协商机制的建立有助于平衡不同社会群体的利益，推动社会治理的深入和完善。

在微观层面，民主实践渗透至基层政治活动中，如县乡级人大代表的选举，以及基层党组织对村民委员会或居民委员会的选举。这一层面的参与使得普通公民能够直接参与到本地治理中，增强了基层民主的活力和效率，也体现了全过程人民民主在最基本层面的实施。

2. 人民民主和国家意志的统一

民主的核心在于充分表达参与者的意志和利益。然而，不同的民主制度与文化对“参与者”有着不同的理解和定义。在讨论“人民”与“公民”这两个概念时，可以从多个层面进行对比，以更好地理解民主的本质。

从概念属性来看，“人民”主要偏重于政治属性，其涵盖的是一个国家或社会的整体群体，强调的是政治集体的力量与意志。而“公民”则更多地偏重于法律属性，指的是依法享有一定权利和义务的个体，关注的是个人在法律体系中的地位与角色。

从主体属性的角度，“人民”强调的是整体性，意即在政治上，所有人作为一个整体来进行考量和决策；而“公民”则注重个体性，每一个公民都是独立的个体，有独立的权利和责任。

在关联属性方面，“人民”与国家密切相关，往往被视为国家的主体或代表，体现的是国家整体利益；而“公民”则与个人权利密切相关，关注的是每一个人的权利与自由。

道德属性上，“人民”强调的是集体性，认为集体利益高于个人利益；而“公民”则强调利己性，关注的是个人的利益与权利。

人民的根本利益体现为全体、全局和长远的利益。个人的利益与国家的集体利益是天然统一的，因此，保障人民的根本利益即是保障国家的根本利益。

全过程人民民主的设计旨在全面保障人民的利益。它通过纵向的保护个体利益，如教育、就业、医疗和养老等方面，确保个体的基本需求得到满足；同时，通过横向推进公共领域的民主化，促进各类公共事务的透明化和参与化，从而全面发展人民民主。

3. 程序民主和实质民主的统一

程序民主的规范性要求体现在其通过固定的程序规定和法律保障，确保民主过程的顺利开展。程序民主不仅是民主制度化的重要体现，也是法治化的基本要求。它要求在民主决策过程中，所有程序必须按照预定的法律和规章执行，确保每一个决策环节的公正性和透明度。

在民主实践中，程序保障具有至关重要的作用。例如商议国是和人大代表选举的法定程序，均体现了对程序性要求的严格把控。通过这些程序保障，民主决策得以在有序、公正的环境中进行，避免了因程序不规范导致的决策失误或不公。

程序民主与实质民主的结合是实现全过程人民民主的核心。全过程人民民主不仅依赖于程序的规范性，还结合了实质民主的要求。通过程序来体现民主实质，并通过实质性措施来推进程序的完善，从而不断解决问题和改进方法，能够促进民主的团结和凝聚人心。

强调实质民主的必要性在于，民主不仅体现在参与的程序上，更应关注参与的实质效果。民主的最终目的是实现理想政治目标，激发人民的积极性和创造性，以便实现科学的民主决策。这不仅有助于更好地服务于人民的利益，也促进了国家的发展。

4. 过程民主和成果民主的统一

过程民主和成果民主是民主体系中不可或缺的两个方面，它们共同构建了全面民主的实践框架。过程民主体现了在民主运作的各个环节中实现平等与自由，强调每一位公民在决策过程中拥有平等的表达机会和自由的参与权利。具体来说，过程民主涵盖了从选举代表到决策执行的各个阶段，确保每一个环节都能充分体现人民的意愿和参与。

成果民主则注重于民主过程的最终成效是否符合人民群众的期望，即通过民主过程所产生的政策、法律和决策是否真正解决了人民关心的问题，促进了社会的发展与进步。成果民主要求民主制度不仅要在形式上体现公平，更要在实质上带来积极的社会效益。

全过程人民民主则更为全面，它包括了民主的五大环节：人民的参与、意见的吸纳、代表的发言、议题的讨论和最终的表决。在这一过程中，人民的意见被广泛征求，代表们在各个环节中都有充分的发言权，确保民主过程的透明和高效。最终，民主过程的目标在于通过广泛听取和吸纳民众意见，将人民的意志转化为国家的决策，从而制定出有利于经济社会发展的政策、法律和制度。

二、全过程人民民主的时代价值

“全过程人民民主作为一种政治文化，生发于中国社会的历史文化传承脉络，聚焦于中华优秀传统政治文化的重要内核、价值理念的传承、凝练。”①

（一）全过程人民民主的理论价值

1. 深化对中国特色民主政治发展规律的认识

（1）民主是现代文明发展的必然要求。在现代民主社会中，“人民”的主体性已经得到了全面的确认和广泛的共识，体现了民众在国家治理中的核心地位。民主选举是实现这一主体性的重要途径，选民在选举中不仅要关注候选人的个人品质和政党政策，还须确保其能够有效地为人民的福祉服务。然而，民主选举制度在实践中也暴露出资产阶级体制的局限性，如“次中选优”的现象，这可能导致实际选出的代表未必能够真正符合广大人民的利益和期待。

民主的发展应当适应现代文明阶段的特征，深入考虑人民的实际生活和期望，确保民主治理能够切实保障人民的利益。中国特色的全过程人民民主正是对这一要求的积极回应，它不仅反映了人类社会发展的趋势，还与社会主义现代化建设的目标相契合。全过程人民民主通过建立完善的参与渠道和平台，广泛收集民意、汇集民智，运用协商共识的方式形成国家治理的合力。这种民主形式强调自下而上的参与方式，使得不同主体能够在平等的基础上共同推动社会进步。全过程人民民主展示了一种优中选优的治理逻辑，它通过自下而上的过程，确保各方意见的充分表达与有效融合。

（2）民主是现代政治文明的根本体现。中国社会主义民主注重个人意志与国

---

① 陈珂. 文化视阈下全过程人民民主的优势与价值阐析［J］. 理论导刊，2024（07）：58.

家意志的统一，旨在通过平等与自由的社会环境，追求社会的共同合力，以体现真正的民主。

自中华人民共和国成立以来，中国在现代化进程中不断完善民主制度。初期的“四个现代化”目标，即工业、农业、国防和科学技术现代化，为国家的现代化建设奠定了坚实的基础。随后，通过“三步走”战略，逐步推进经济和社会的全面发展。在进入新时代后，中国提出了“两个百年”目标，既包括建成富强民主文明和谐美丽的社会主义现代化强国的宏伟目标，也强调了全面建成小康社会的阶段性任务。全过程人民民主作为政治文明发展的新形态，通过将形式与实质相结合，推动制度的完善与治理效能的提升。这种民主形式强调人民的广泛参与，不仅在选举阶段体现，还贯穿于社会管理和民生治理的全过程。全过程人民民主注重人民在政策制定、执行和监督等各个环节中的参与，体现了民主的真实性和广泛性，增强了政策的科学性和有效性，提升了社会的改革与发展能力。

民主的实践机制在全过程人民民主的框架下得到了创新和发展。这一机制以程序的公正性和内容的完整性为核心，确保人民意志与智慧在决策和实施过程中得到充分体现。通过这种新实践机制，中国在继承和发展传统民主政治的基础上，打破了资本主义民主的局限与幻想，为全球政治文明的进步指引了新的方向。

2. 对马克思主义民主政治理论的原创性贡献

马克思主义民主理论根源于群众史观，强调国家的根基在于人民，国家的存在和发展应当服务于人民的利益。根据这一理论，人民不仅拥有参与国家政务的权力，还承担着相应的责任。中国的民主探索源于全球民主化浪潮，但中国保持了清醒的立场，致力于探索适合自身国情的民主发展路径。通过实践，中国发展出了具有独特特点的民主模式，这一模式不仅体现了中国特色，也展示了中国在民主建设上的创新成果。中国特色的社会主义民主经过长期实践，证明其符合中国的实际情况，并展现出强大的生命力。全过程人民民主作为中国民主发展的新成果，彰显了中国独立自主的发展道路和理论自信。

（1）全过程人民民主是全人类民主的新形态。新时代中国民主的发展必须将

“以人为本”作为核心理念，同时兼顾社会发展的实际需求，以推动社会的高质量进步。在这一过程中，必须坚决抵制外部强权的干预，确保国家自主权和发展独立性。此外，要维护公有制的根本经济制度，警惕资本利益对社会公平正义的潜在侵蚀。在这种新的民主形态下，中国共产党领导地位的坚持显得尤为重要，它不仅是政治稳定的保障，也为社会提供了强有力的组织和管理机制。为了实现共建共享的现代化国家目标，中国共产党需要不断强化自身的自我更新与自我革命，通过持续的内部改进来适应新时代的发展要求，推动社会主义现代化事业不断向前发展。

（2）全过程人民民主是人权的基本组成部分。虽然世界各国对民主和人权的理解存在差异，没有统一的模式，但这些差异并不妨碍各国在自身国情和发展需求的基础上探索适合自己的道路。全过程人民民主充分尊重和保障人权，体现了马克思主义人权理论和中国人权观的发展。它不仅是在中国特定历史条件下的民主实践，也是全球人权制度和理论研究的重要参考。未来，通过进一步推进全过程人民民主，将有助于在人权领域实现更广泛的制度创新和理论发展，为全球人权事业贡献新的经验和模式。

（二）全过程人民民主的实践价值

1. 打破西方民主话语权垄断地位

西方民主的局限性是一个值得深入探讨的议题。尽管民主概念最早源自西方，但西方国家对民主的解释并不具有唯一性。西方民主在实践中暴露出一定的局限性，表现出利己性和反民主特征。例如西方国家常以推动民主为名，实际上却可能是为了垄断国际话语权和打压其他国家的政治体系，特别是中国。这种情况表现在西方国家对不同国家民主状况的评价和干预上，他们往往依据自己的利益标准来判断其他国家的民主表现，而忽视了各国历史和文化背景的差异。通过这种方式，西方国家不仅塑造了国际政治的规则和标准，还在一定程度上压制了不同政治体制和思想的多样性。

然而，民主作为一种社会观念，其核心价值不可否认。民主的核心思想是人民主权，即人民是国家权力的最终源泉。这一思想贯穿了历史发展的各个阶段，不同历史时期对民主的理解和实践方式虽然有所不同，但追求民主的理念和扩大人民主体的目标却是一致的。从古希腊城邦的直接民主到现代国家的代议制民主，民主制度的演变体现了对人民参与政治的不断扩展和完善。各国在实现民主的过程中，往往会根据自身的历史背景、社会结构和经济发展状况，发展出具有自身特色的民主政治道路。

中国的民主治理同样面临诸多挑战。中国作为一个拥有悠久历史和复杂社会结构的国家，其民主进程在形式和内容上都与西方国家存在显著差异。在中国，民主治理不仅需要回应现代化发展的需求，还需要适应不同社会群体的多样化要求。因此，中国在民主建设中强调根据国情与发展阶段进行创新和探索，力求在尊重历史传统的同时，推动社会的全面进步。这种探索不仅包括政治体制的创新，还涉及法治建设、社会参与及公共服务等方面的综合发展，以实现对各类社会群体需求的有效回应。

全过程人民民主具有独特的特点，与西式片面程序民主相比，展现出更为全面的民主理念。它不仅强调程序上的民主形式，还注重实质上的民主实现，通过综合性和完整性推进民主价值的实际落实。相较于西方民主的虚伪性，全过程人民民主揭示了西方民主话语霸权的衰退。西方民主常常仅仅停留在程序层面，忽视了实际政策和人民福祉的紧密结合，其所谓的民主实践常显得名不副实。而全过程人民民主通过其独特的实践模式，对这种虚伪性进行了批判，提出了一种更具实效性的民主概念。

全过程人民民主以开放包容的态度诠释全人类的共同价值，倡导不同文明之间的智慧交流和互利共赢。通过这种方式，它为全球共同发展奠定了思想基础。全过程人民民主致力于开辟人类命运共同体的新路径，为全球民主政治的发展提供了示范。它认为，未来世界的走向应由所有国家共同决定，这种理念有助于实现全球的共同发展和繁荣。

2. 筑牢中华民族伟大复兴的基石

全球范围内，民主化趋势正日益显著，各国纷纷推进民主化进程。这一趋势体现了全球对民主理念的广泛认同与实践，同时也反映出民主在全球治理中的重要地位。在这一背景下，中国提出并推进了全过程人民民主模式，这种模式不仅是中国梦的理论逻辑基础，也源于中国的特定国情，是中国特色社会主义民主政治发展的重要成果。全过程人民民主作为中国式现代化的重要组成部分，具有独特的价值和意义。

全过程人民民主的核心在于其五大民主程序，即民主选举、民主协商、民主决策、民主管理、民主监督。这五大程序在时间上具有连续性，在空间上则展现出高度的协同效应。这种结构不仅能够有效保障社会的活力和稳定，还为民族振兴和国家富强提供了坚实的政治基础。民主选举确保了权力的合法性，民主协商促进了广泛的意见汇聚，民主决策提升了决策的科学性与合理性，民主管理强化了社会各层次的参与，民主监督则保障了政府行为的透明和问责。

在民族振兴与现代化治理方面，全过程人民民主与现代化国家治理的价值观高度一致。通过广泛的平等讨论和科学决策，这种模式促进了社会合作治理，为中国的复兴提供了持续的动力。此外，全过程人民民主对国家富强和共同富裕的实现也起到了积极的推动作用。它有助于实现国家富强，同时为中国化民主追求共同富裕奠定了基础。

全过程人民民主的目标是实现人民的幸福，这一目标与治理现代化的目标高度一致。全过程人民民主不仅旨在调整人民、政党、国家与社会之间的关系，还致力于满足人民对美好生活的需求。通过这种方式，中国人民的幸福感不断提升，中华民族的复兴也得到了不断推进。

3. 指引正确的民主政治发展方向

民主作为政治上层建筑的重要组成部分，随着社会形态的演变经历了不断的发展。它从最初的直接民主形式逐渐演变为各种形式的代议制民主，反映了社会对治理模式不断变化的适应与调整。

在中国传统社会中，民主的表现形式与现代西方民主有显著的差异。中国传统民主主要以维护社会秩序和巩固统治为核心目标，统治者通常通过单方面决策来实施治理，民众的参与相对有限。与此相对，西方民主在现代化过程中经历了许多转变。在资本垄断和寡头政治的影响下，西方民主逐渐演变成一种“金钱游戏”和“政治娱乐”的现象。少数资产阶级通过选举和政策制定来维护自身的利益，导致民主制度在一定程度上被资本力量所操控。这种现象虽然在形式上保持了民主的框架，但在实质上却可能削弱了民主制度的公平性和代表性。

针对这些问题，中国提出了全过程人民民主的理念，旨在改进和完善民主制度的质量。全过程人民民主强调“责任是民主的核心”，将民主的质量与各方责任紧密结合。它不仅关注人民在国家治理中的积极参与，还强调了授权和问责机制，确保各主体在平等地位下享有权利和利益保障。这种理念通过对民主过程的全方位监督和参与，意在解决传统民主和西方民主中存在的不足，确保政策和决策更加符合人民的实际需求。

民主作为全球化的普遍价值，是人类社会理想的一部分，其需求具有普遍性。全球范围内，人们对民主政治、制度和治理的追求已成为广泛共识。在中国式现代化的背景下，全过程人民民主作为国家治理的新形态，展现了中国式国家治理现代化的强大动力和显著优势。

（1）全过程人民民主的核心在于将人民诉求作为国家治理的中心。具体来说，这一民主形式强调在社会利益的平衡与协调中发挥作用。通过制度化、规范化和程序化的社会主义民主政治，全过程人民民主致力于构建一个平等协商、共享成果的“国家治理共同体”。在这一框架下，人民代表大会作为国家权力的行使机关，采用“参与-回应”和“协商-监督”机制，强化法治保障，确保人民权益得到更充分的实现，从而提高人民的幸福生活水平。这一模式不仅注重通过制度化手段强化法治保障，还通过制度化的协商机制有效回应社会各界的诉求，确保政策的实施更具广泛性和有效性。

（2）全过程人民民主在协调治理方面同样发挥了关键作用。处理治理过程中的冲突问题时，这一民主形式充分利用中国特色的协商优势，将涉及人民利益的各类问题纳入协商范畴。为了保障各界人民团体的广泛参与，并确保参与主体的平等性，全过程人民民主还特别注重政协的作用。在此过程中，政协不仅发挥了一致性与多样性的优势，还特别关注弱势群体和边缘群体的声音。通过营造良好的民主氛围，全过程人民民主致力于凝聚社会共识，并推动全社会共同谋求发展。

第三节　全过程人民民主——法治中国建设的核心

一、全过程人民民主是中国特色社会主义民主制度的根本体现

“在社会主义法治国家的建设轨道中推动‘全过程人民民主’，不仅要加强党对立法工作的集中统一领导，也要开展国际民主制度对话，进行制度互鉴，在与其他国家的交流中读出中国民主故事、共享中国民主经验。”①

（一）依宪治国、建设法治政府是全过程人民民主的本色

全过程人民民主是中国特色社会主义民主制度的核心特征，深刻体现了在中国共产党领导下，人民作为国家主人的地位。这种民主形式独具特色，既包括程序民主，又涵盖了实质民主；既融合了直接民主的直接参与，又融汇了间接民主的间接选择；同时，它也实现了人民民主与国家意志的统一。这种综合性和广泛性的民主形式，使得全过程人民民主成为世界上最为广泛、真实和有效的社会主义民主形态。全过程人民民主不仅体现在选举过程中，更深入到政策制定、实施和监督的每一个环节。它强调在决策过程中充分听取民意，确保政策措施贴近人民的实际需求，并且在执行过程中不断接受人民的监督，以保证政府行为的透明性和公正性。这种民主机制能够有效地保障人民的根本利益，提升政策的科学性和有效性，进而增强社会的整体幸福感和认同感。

在法律与法治建设方面，《中华人民共和国宪法》和《中华人民共和国立法法》明确规定，所有法律、法规必须符合宪法的基本原则和精神。中国在依法治国、依法执政和依法行政方面取得了显著的成就。宪法的实施和监督机制得到了加强，通过设立和完善相关的监督机构，确保宪法的权威和实施效果。法治政府建设的推进显著提升了政府的公信力。政府在政策制定和行政管理中，逐步简化了行政审批程序，减少了不必要的行政干预，使得政府运作更加高效透明。

---

① 王朝阳．法治中国建设——以全过程人民民主视角［J］．国际公关，2022（23）：29.

（二）人民民主是中国共产党的奋斗纲领和目标

中国共产党的领导地位在中国特色社会主义民主制度的发展中起着核心作用。作为中华民族和中国人民公认的执政党，中国共产党不仅引领着国家的政治方向，还通过深入的思想理论指导，确立了中国特色社会主义的根本制度。人民民主的内涵是中国共产党和中国人民的共同追求，亦是人类政治文明的重要成果。自中华人民共和国成立以来，“一切权力属于人民”的民主原则得以确立，并随着社会的发展不断扩展“人民”的范畴，确保了广泛的民主参与和社会公平。依法治国作为国家基本方略，确保全过程人民民主的发展和落实，既是制度建设的核心内容，也是保障人民民主的法律基础。依宪治国和法治政府建设在新时代背景下，强调通过宪法和法律的框架，制约权力、维护公民权利，从而提升国家治理能力和全国人民的凝聚力。这种依宪治国的方略不仅是民主的体现，更是国家长治久安的重要保障。与此同时，中国独特的权力制约机制与西方“三权分立”制度不同，党内外监督制约机制及容错纠错机制的建立，体现了中国共产党在国家治理中的创新性实践。这一机制不仅确保了权力的有效制衡，还为中国共产党奋斗目标的实现提供了制度保障，进一步巩固了中国共产党在国家治理中的领导地位，推动了中国特色社会主义民主制度的不断完善和发展。

（三）全过程人民民主彰显社会主义的本质特征

社会主义的本质在于解放和发展生产力，通过消灭剥削和消除两极分化，最终实现共同富裕的目标。这一目标不仅是全体人民的向往，更是社会主义发展的核心追求。共同富裕的实现需要坚持以人民为中心的发展思想，注重在高质量发展中不断提升人民生活水平和幸福感。社会主义初级阶段的效率与公平问题更为关键，二者须相辅相成，通过提高效率来保障公平，以公平促进效率的提升，从而推动社会的全面进步。中国共产党在领导下探索出符合中国国情的人民民主制度，其核心在于全过程人民民主。这种民主制度的本质在于人的解放，强调个人自由与全面发展的权利，这一理念在宪法中得到保障，确保了权力真正属于人民。因此，社会主义不仅是一种经济制度，更是关乎人民权利和自由的全面发展体系，为实现共同富裕奠定了坚实的制度基础。

二、全过程人民民主是全链条、全方位和全覆盖的民主

（一）全过程人民民主为人民当家作主提供有力支撑

全过程人民民主的核心在于人民当家作主，这是民主的本质所在。全过程人民民主在理论上回应了“最广泛、最真实、最管用的民主”这一重大命题，确保人民成为民主主体，从而体现了社会主义民主的根本特质。在民主制度的实践形式上，中国自五四宪法到八二宪法，人民管理国家的形式由单一的人民代表大会制度逐步拓展为多样化的民主形式，为人民全面行使管理权提供了制度保障。自改革开放以来，通过多次宪法修改，民主权利的行使方式得到了不断完善。例如扩大直接选举的范围、设立地方人大常委会等措施，进一步拓宽了人民行使民主权利的途径和渠道。全过程人民民主注重运行机制的健全性、实现形式的多样性，以及实践效果的有效性，中国共产党通过多种制度安排，确保人民当家作主的目标得以实现，并推动共同富裕和人的全面发展。这一民主模式不仅在政治制度上为人民提供了广泛的参与机会，更通过实践证明了其在促进社会公平正义、提高国家治理效能方面的显著优势。全过程人民民主作为中国特色的社会主义民主实践，既继承了中华传统文化中“以民为本”的治理理念，也结合了现代民主制度的精髓，是中国共产党领导下人民创造的伟大成就，展示了中国式民主的强大生命力与发展潜力。

（二）全过程人民民主展示中国特色社会主义民主的特色和优势

全过程人民民主的实现原则根植于宪法所规定的民主集中制。人民代表大会制度下，人民通过选举产生代表，这些代表组成国家政权机构，并代行人民的权力。这种制度通过将“民主”与“集中”有机结合，凝聚了人民的意见和建议，从而实现了更为有效的民主。制宪权本质上属于全体人民，但通过制宪机关的集中，能够汇聚各阶层的意愿，并最终形成宪法。宪法不仅是国家的基本法律，更是保障人民权利的基石，通过规定国家机关接受人民的监督，确保人民的愿望和意志得以实现。在全面依法治国的过程中，必须回应人民对法治的新要求，保障人民的安居乐业，从而真正实现人民当家作主的目标。坚持以人民为中心，增进

人民福祉，是推进国家和社会法治化进程及实现中国式现代化建设的关键。因此，全过程人民民主不仅是国家治理的根本原则，更是实现人民幸福和社会稳定的重要保障，通过这一制度，人民的权利得到了切实的维护，国家的现代化建设也得以顺利推进。

（三）全过程人民民主表现为民主法治化和法治民主化

民主与法治的关系在现代民主法治国家中得到广泛共识，即民主应建立在法律的基础上。法律不仅规范和保障民主的实施，还提供了民主运作的框架。全过程人民民主的核心价值在于通过宪法和立法程序，将人民民主的“全过程”固定下来，以法治和人权构建和谐的社会秩序。这种模式确保了民主决策的透明性和公正性，从而增强了公民的参与感和认同感。

为了实现党的第二个百年奋斗目标，必须推动民主制度与法治体系的适应性，使其与经济社会的发展水平相匹配。这一过程包括推进社会主义民主法治化，并提升国家治理能力的现代化水平。全过程人民民主的特征表现在公民参与民主决策的时间上具有持续性，以及决策过程和环节上的连续性。

（四）全过程人民民主赋能国家治理体系和治理能力现代化

人民当家作主是评估一个国家民主程度的重要指标，它关乎人民是否真正参与到国家治理的核心决策中。中国将民主价值理念转化为科学有效的制度安排，以“以人民为中心”的发展思想为指导，推动民主制度的深化与发展。中国共产党通过制定和执行相关制度与法律，不断提升党的执政能力和领导水平。制度化的法治体系不仅保障了民主过程的规范性，也提升了国家治理的效率和公平性。党的执政能力的增强及法律体系的完善，为人民当家作主奠定了坚实的基础。

全过程人民民主的实现依赖于完整的制度程序和人民参与程序。这意味着人民在立法、决策及基层治理中都能广泛参与，确保每个决策环节都能充分反映民意。中国通过建立健全的民主程序，推动全民参与和广泛讨论，使得民主决策更加透明和公正。

国家治理现代化的关键在于人民群众的积极参与。现代化的治理体系要求全过程参与的制度和实践必须完整且有效。人民群众作为国家治理体系和能力现代化的主体，他们的广泛参与和有效监督，是实现国家治理现代化的根本保证。

法治的推进不仅提升了中国共产党对国家治理的能力，也显著推动了国家整体发展。全面建成小康社会和实现中国式现代化的成就，充分体现了社会主义法治体系在国家治理中的功能作用。

三、法治中国建设的核心要义是实现全过程人民民主

（一）党性与人民性相统一是法治中国建设的内在要求

人民当家作主的主要优势在于其能够有效调动人民的积极性，使政府能够更好地倾听和回应人民的诉求。在这种制度下，人民的参与度提升了政府决策的透明度和民众的满意度，有助于实现政策的有效实施。然而，其主要劣势在于，若缺乏规范的秩序和正确的指引，则民主可能被少数人专制或陷入混乱，从而导致社会的对抗和分裂。由此可见，民主政治的有效运行依赖于健全的制度和规范的执行。

在发展过程中，人民当家作主的制度不断体现出其优势。随着制度的逐步完善，人民的权利诉求也在不断地增加，主体性在实践中得到了越来越充分的体现，同时，民主的形式也在不断丰富和完善。这种发展趋势表明，民主政治在不断适应与满足社会的变化和人民的需求。

全过程人民民主的本质在于坚持党的领导，这一制度的核心是以人民为中心，确保过程民主与实质民主的统一。在新时代的要求下，需要最大限度地发挥社会主义民主的人民性，保障人民在治理全过程中发挥应有的作用。

（二）执政为民和人民至上理念贯穿法治中国建设全过程

中国共产党坚持以人民为中心的发展思想，深刻体现了新时代对马克思人民主体思想的深化。这一思想核心在于将人民的需求和利益放在首位，通过发展和完善全过程人民民主，推动中国特色社会主义民主的发展道路。中国化的马克思主义民主理论被用来拓展和丰富这一民主体系，从而确保人民在经济、社会与政治生活中的广泛参与和实际影响。为了实现这一目标，必须在法治环节上不断完善，包括立法、执法和司法等各个环节，从而建立健全的程序、制度和机制，确

保全过程人民民主的有效实施。党和政府的工作目标始终以造福人民为核心，体现了以人民为中心的理念，并将其落实到经济社会发展的各个环节。为了增强政府工作的透明度和有效性，党和政府应主动接受群众监督，充分尊重人民的意见和建议，因为人民是工作的最终裁决者和评判者。

（三）新时代“枫桥经验”是法治中国建设的范例

全过程人民民主在利益结构复杂的背景下显得尤为重要。其核心在于完善民主制度程序，畅通民主参与渠道，确保人民意志的有效表达，并实现人民民主权力的充分行使。通过这一机制，可以确保各阶层、各群体的声音都能被听见，增强政策的公平性和科学性，从而更好地满足人民对美好生活的向往。具体实施中，需要将以人民为中心的原则融入到党治国理政的政策措施和国家机关的各层级工作中，确保政策制定和执行过程始终以人民的需求为导向，从而提高政策的针对性和有效性。

地方政府在这一过程中扮演着关键角色。它们不仅要执行党和政府的决策，还须将工作重心向乡村基层下移，充分发挥地方在实现政策目标中的作用。在这一背景下，推广“枫桥经验”① 显得尤为重要。“枫桥经验”以“小事不出村、大事不出乡”为目标，致力于将矛盾化解在基层，通过预防和及时调解保持社会稳定。这一经验强调通过法治手段解决民事纠纷和民生问题，从而有效降低社会矛盾的激化。

新时代的“枫桥经验”不仅强调通过组织工作、预测、预防和调解的层层机制来处理基层问题，而且致力于建立健全的预防机制。通过这一机制，地方政府能够及时识别和解决潜在的社会问题，提供了建设法治中国的典型案例。预防机制的实施不仅有助于维护社会稳定，还能有效提升法治水平，推动社会的和谐发展。

---

① 枫桥经验是指20世纪60年代初，浙江省诸暨县（现诸暨市）枫桥镇干部群众创造的“发动和依靠群众，坚持矛盾不上交，就地解决，实现捕人少，治安好”的经验。

第六章　新时代背景下全过程人民民主法治保障的实践路径

第一节　切实融入中国式民主的制度优势与宪法保障

“全过程人民民主具有中国特色，是最广泛、最真实、最管用的民主，以中国式民主回答了中国式现代化进程中的本质问题。”① 推进全过程人民民主法治化，首要的就是要切实把全过程人民民主融入宪法框架，这是由宪法的地位和全过程人民民主发展实践的需要决定的。一方面，宪法是全过程人民民主法治化的根本依据。宪法是各项具体法律的“母体”，对发展社会主义民主政治具有根本性的导向作用，因此能够在社会主义民主和法治化发展的不同模型之间架起桥梁。全过程人民民主作为社会主义民主发展到新时代的理论表达，在宪法框架内保障全过程人民民主法治化，才能从根本上实现全过程人民民主的法治化发展，进而获得推进全过程人民民主的权威性、正当性和规范性依靠。另一方面，全过程人民民主的完整制度程序和参与实践需要通过宪法予以确定，从而在理论上深化对全过程人民民主的结构性、体系化和战略性认识，有助于在实践上优化和提升全过程人民民主的治理效能。

一、中国式民主的宪法基础、法律保障及制度优势分析

（一）宪法在民主政治中的地位与作用

宪法作为国家的根本大法，在国家政治生活中占据着至高无上的地位，是民主政治的基石与核心。它不仅规定了国家的根本制度和根本任务，还确立了公民

① 赧文涛，陈丹，张海夫．论全过程人民民主的协商机制［J］．西南林业大学学报，2023，7（10）：12-16.

的基本权利与义务，为民主政治的运作提供了坚实的法律框架。宪法在民主政治中的地位与作用，可以从以下四个方面进行详细阐述：

首先，宪法是民主政治的合法性来源。民主政治的核心在于人民主权，即国家权力来源于人民并服务于人民。我国宪法明确规定，中华人民共和国的一切权力属于人民。这一原则从根本上确立了人民在国家政治生活中的主体地位，为民主政治的合法性提供了坚实的宪法基础。通过宪法，人民得以将自己的意志上升为国家意志，从而确保国家权力的行使符合人民的根本利益。

其次，宪法是保障公民权利的基本法。在民主政治中，公民权利的保障是实现人民主权的关键所在。我国宪法详尽规定了公民的基本权利，包括平等权、选举权与被选举权、言论自由、宗教信仰自由等，这些权利构成了公民参与政治生活、行使民主权利的基础。宪法通过确认和保障公民权利，为民主政治的实践提供了必要的法律保障，确保了人民能够自由、平等地参与国家事务的管理。

再次，宪法是规范国家权力的根本法。在民主政治中，国家权力的行使必须受到严格的规范和约束，以防止权力滥用和腐败现象的发生。我国宪法通过确立国家机构的设置和职权范围，明确了国家权力的行使方式和程序，为规范国家权力提供了明确的宪法依据。同时，宪法还规定了权力监督和制约的原则，确保国家权力始终在法治的轨道上运行，为人民谋福祉。

最后，宪法是推进政治体制改革的重要依据。随着时代的发展和社会的进步，政治体制也需要不断地进行改革和完善，以适应新的历史条件和发展要求。我国宪法作为国家的根本法，为政治体制改革提供了重要的法律依据和指导原则。通过修改宪法或制定相关法律，可以推动政治体制的改革和创新，促进民主政治的不断发展和完善。

（二）中国宪法对民主原则的规定与体现

中国宪法在民主政治中发挥着至关重要的作用，它通过一系列明确的规定和原则，体现了人民主权、民主集中制等民主理念，为民主政治的实践提供了坚实的宪法基础。

首先，中国宪法确立了人民主权原则。人民主权原则是民主政治的核心原则，它强调国家权力来源于人民并属于人民。我国宪法明确规定：“中华人民共和国的一切权力属于人民。”这一原则从根本上确立了人民在国家政治生活中的主体地位，为民主政治的合法性提供了坚实的宪法基础。通过宪法，人民得以将自己的意志上升为国家意志，从而确保国家权力的行使符合人民的根本利益。

其次，中国宪法体现了民主集中制原则。民主集中制是中国共产党在长期革命和建设实践中形成的重要组织原则，也是我国宪法确认的基本原则之一。民主集中制原则在国家生活中的体现包括：一是人民选举产生人民代表组成各级人民代表大会，人民有权监督并依法撤换不称职的人民代表；二是各级人民代表大会产生本级政府，政府必须向人民代表大会负责并报告工作；三是一切国家机关都要实行民主集中制，接受群众的监督，努力为人民服务。这些规定确保了民主与集中的有机结合，既保障了人民的民主权利，又确保了国家权力的有效行使。

此外，中国宪法还体现了尊重和保障人权原则、依法治国原则等民主理念。尊重和保障人权是现代民主政治的基本要求之一，我国宪法明确规定：“国家尊重和保障人权。”这一原则体现了国家对公民权利的重视和保护，为民主政治的实践提供了必要的法律保障。依法治国原则则强调国家必须依法治理国家和社会事务，确保国家权力的行使符合宪法和法律的规定。通过依法治国原则的实施，可以推动民主政治的法治化进程，提高国家治理的现代化水平。

（三）法律体系对民主制度的具体保障

法律体系作为民主政治的重要组成部分，对民主制度的保障作用至关重要。我国通过构建完善的法律体系，为民主制度的实践提供了全面的法律保障和支持。

首先，法律体系通过制定相关法律规范民主制度的运行。我国已经制定了一系列与民主制度相关的法律，如《选举法》《代表法》《监督法》等，这些法律对民主选举、民主决策、民主监督等民主制度的运行进行了详细的规定和规范。通过这些法律的实施，可以确保民主制度的规范化、制度化运行，提高民主制度的实践效果。

其次，法律体系通过司法保障民主权利的实现。司法是维护社会公平正义的最后一道防线，也是保障公民权利的重要途径之一。我国通过建立健全的司法体系，为公民提供了有效的司法救济渠道。当公民的民主权利受到侵害时，可以通过司法途径寻求救济和维护自己的合法权益。同时，司法机关还承担着对民主制度运行情况进行监督的职责，确保民主制度的公正性和有效性。

再次，法律体系通过执法保障民主制度的落实。执法是法律实施的重要环节之一，也是保障民主制度落实的关键所在。我国各级政府及其部门在执法过程中严格遵守宪法和法律的规定，确保民主制度的各项要求得到切实落实。同时，各级政府还通过加强执法监督、完善执法机制等措施，不断提高执法水平和效率，为民主制度的实践提供有力的执法保障。

最后，法律体系通过法治宣传教育提高公民的民主意识。法治宣传教育是普及法律知识、提高公民法治素养的重要途径之一。我国各级政府及其部门通过开展形式多样的法治宣传教育活动，普及宪法和民主制度的相关知识，提高公民的民主意识和法治观念。通过法治宣传教育活动的开展，可以引导公民积极参与民主实践、维护自己的合法权益，推动民主政治的不断发展和完善。

（四）中国式民主的制度优势分析

民主作为人类政治文明发展的成果，其实现形式与制度设计因国家、历史和文化背景的不同而有所差异。中国式民主，根植于中国的社会土壤，汲取了中华优秀传统文化的精髓，同时借鉴了现代政治文明的有益成果，形成了独具特色的制度优势。以下将从人民当家作主的制度设计、全过程人民民主的实践路径、协商民主与选举民主的结合优势三个方面，对中国式民主的制度优势进行深入分析。

1. 人民当家作主的制度设计

人民当家作主是中国式民主的核心价值追求，也是其制度设计的根本出发点。在中国式民主的制度框架下，人民不仅被赋予了广泛的民主权利，还通过一系列制度设计确保这些权利得以有效实现。

人民代表大会制度是中国式民主的重要制度载体。这一制度确保了人民通过选举产生自己的代表，组成各级人民代表大会，作为国家权力机关，统一行使国家权力。人民代表大会制度不仅体现了人民当家作主的原则，还通过定期召开会议、审议和决定国家重大事项、监督政府工作等方式，确保了人民对国家事务的广泛参与和有效管理。

中国式民主的制度设计还注重保障人民的各项民主权利。宪法和法律明确规定了人民的选举权与被选举权、言论自由、结社自由等民主权利，并通过不断完善选举制度、扩大直接选举范围、加强选举监督等措施，确保这些权利得到切实保障和实现。同时，中国还注重保障少数民族的民主权利，通过实行民族区域自治制度，确保少数民族人民能够当家作主，管理本民族、本地区的内部事务。

此外，中国式民主的制度设计还注重发挥基层民主的作用。通过建立健全基层群众自治制度，推动社区居民、农村居民等基层群众依法直接行使民主权利，管理基层公共事务和公益事业。基层民主的实践不仅增强了人民的民主意识和参与能力，还为推动更高层次的民主发展奠定了坚实基础。

2. 全过程人民民主的实践路径

全过程人民民主是中国式民主的重要特征之一，也是其制度优势的重要体现。全过程人民民主强调民主价值的全过程实现，确保人民在国家政治生活和社会治理中享有广泛、真实、管用的民主权利。

全过程人民民主注重民主选举的环节。通过完善选举制度、规范选举程序、加强选举监督等措施，确保人民的选举权得到有效保障和实现。在选举过程中，注重候选人的提名、介绍和酝酿等环节，确保选举的公正性和代表性。同时，还通过扩大直接选举范围、实行差额选举等方式，增强选举的竞争性和民主性。

全过程人民民主注重民主协商的环节。在决策过程中，充分发扬民主，广泛听取各方面意见和建议，确保决策的科学性和民主性。通过建立健全协商民主制度，推动政协协商、人大协商、政府协商、人民团体协商等多种协商形式的广泛开展，为各方面利益诉求和意见建议的表达提供制度化平台。

全过程人民民主注重民主决策的环节。在决策过程中，坚持科学决策、民主决策、依法决策的原则，确保决策符合人民的根本利益和长远利益。通过建立健全决策咨询制度、听证制度、公示制度等措施，增强决策的透明度和公众参与度。

全过程人民民主还注重民主管理和民主监督的环节。通过建立健全基层群众自治制度、推动社区居民和农村居民依法直接行使民主权利等方式，加强民主管理。同时，通过加强人大监督、政协监督、舆论监督等多种形式的监督，确保国家权力的行使符合人民的意愿和利益。

3. 协商民主与选举民主的结合优势

协商民主与选举民主是中国式民主的两种重要形式，二者相辅相成、相得益彰，共同构成了中国式民主的独特优势。

选举民主是人民通过选举产生自己的代表或领导人来管理国家和社会事务的一种民主形式。在中国式民主中，选举民主得到了广泛实践和应用。通过定期举行各级人民代表大会的选举、村民委员会的选举、城市居民委员会的选举等方式，人民得以直接或间接地参与国家与社会事务的管理。选举民主不仅体现了人民当家作主的原则，还通过竞争性的选举过程激发了人民的政治参与热情和责任感。

协商民主则是人民在内部或人民与政府之间就共同关心的问题进行广泛协商、寻求共识的一种民主形式。在中国式民主中，协商民主得到了高度重视和大力发展。通过建立健全政协协商、人大协商、政府协商、人民团体协商等多种协商形式，人民得以就国家与社会事务的管理发表自己的意见和建议。协商民主不仅增强了人民的参与感和归属感，还通过广泛的协商过程促进了不同利益群体之间的沟通和理解。

协商民主与选举民主的结合优势在于二者相互补充、相互促进。选举民主确保了人民能够通过选举产生自己的代表或领导人来管理国家和社会事务，体现了人民当家作主的原则；而协商民主则为人民提供了就共同关心的问题进行广泛协商、寻求共识的平台和机会，增强了人民的参与感和归属感。二者相结合，既保障了人民的选举权利，又促进了人民对国家和社会事务的广泛参与和有效管理。这种结合优势不仅体现了中国式民主的独特性和创新性，还为推动中国民主政治的不断发展提供了有力支撑。

中国式民主的制度优势体现在人民当家作主的制度设计、全过程人民民主的实践路径及协商民主与选举民主的结合优势三个方面。这些优势共同构成了中国式民主的独特魅力和强大生命力，为推动中国民主政治的不断发展提供了有力支撑和保障。在未来的发展中，应继续坚持和完善这些制度优势，不断推动中国式民主向更高层次、更广领域发展。

二、在宪法中明确全过程人民民主的科学内涵和性质定位

全过程人民民主是最广泛、最真实、最管用的社会主义民主，它强调广大人民群众在党和国家决策的各个阶段都应享有参与权与监督权。这涵盖了政策制定、选举、执政过程、政府监督、宪法解释等多个方面。在宪法中明确全过程人民民主的科学内涵和性质定位，对于保障人民的政治参与具有重要意义，可以确保决策制定和执行的合法性，进而促进社会的稳定和繁荣。

从现代民主的本质来看，民主即人民当家作主，内蕴了“人民意志”与“人民统治”的政治逻辑。我国宪法赋予人民民主以合法的正当性，意味着要实现人民的真正掌权。因此，在中国语境下，无论是具有临时宪法意义的《中国人民政治协商会议共同纲领》，还是中华人民共和国成立后先后通过的四部宪法，都明确规定“中华人民共和国的一切权力属于人民”，从根本上确证了人民掌握国家政权的事实。此外，历部宪法还对“国家性质”“国家制度与机构”“公民的基本权利和义务”“人民代表大会制度”“政治参与”“民主集中制”等方面的人民民主做了具体说明。由于民主是一个历史性范畴，在本质未变的基础上，民主的具体形态会随时代需要而发展变化。在新时代，人民的政治实践需求显著提升，政治参与的热情不断高涨。同时，国家在社会层面提供的政治参与基础设施，如村民自治等，为人民参与政治提供了更多机会，进一步激发了人民的参政热情。当前，人民的政治需要与我国社会发展的不平衡不充分之间存在矛盾，全过程人民民主为解决这一矛盾提供了重要思路。因此，有必要将全过程人民民主的科学内涵更为细致、准确地在宪法中做出规定，以根本大法来进一步确定全过程人民民主的基本内涵，如明确规定全过程人民民主是全链条、全方位、全覆盖的民主。这将有助于将这一标志性话语融入党和人民的政治生活。

宪法作为国家的根本大法，对国家的根本原则做出了前提性规定，其中重要的一方面就是对民主性质的规定。宪法对国家性质的规定在任何时候都必须坚

持。宪法规定中华人民共和国是人民当家的社会主义国家，必须实行人民民主。但民主作为一个历史范畴，其性质和形态本身具有复杂性，这使得对民主的性质规定一刻也不能忽视。因此，将全过程人民民主作为重要内容融入宪法时，必须明确规定全过程人民民主是人民民主的发展形态，这一形态的本质就是人民民主。在实行全过程人民民主的过程中，无论在哪个层级、哪个组织，都不能忘记人民民主的性质；无论在哪个环节，都不能损害人民参与的权利。因此，应在宪法中以专门的规定固定全过程人民民主的基本原则，从主体、程序和客体等方面做出原则性表述，为发展全过程人民民主提供法律保障。我国宪法虽然明确“尊重和保障人权”，把以“人权”为核心的基本权利作为国家权利体系的重要纽带，并将包括健康、生态、安全等基本权利纳入宪法，但仍然需要在政治决策、经济发展、民主监督等多方面内容中通过宪法给予保障，以体现全过程人民民主的最高法律权威。

三、在宪法中明确全过程人民民主的实践程序和运行规则

新时代，为了推进国家治理体系和治理能力现代化，实现对国家的有效治理，必须进一步对全过程人民民主的实践程序和运行规则做出明确的规定，并将其融入国家制度体系、基本权利体系和国家权力体系中。“全过程”作为人民民主的最新形态，虽然在现行宪法中并无明文规定，但在《中华人民共和国全国人民代表大会组织法》《中华人民共和国地方各级人民代表大会和地方各级人民政府组织法》《中华人民共和国立法法》等法律中已有所体现。然而，由于具体立法往往针对特定领域，可能导致全过程人民民主的依据多样化，难以统一。因此，在宪法层面明确全过程人民民主的具体实践程序，包括民主选举、民主协商、民主决策、民主管理和民主监督等环节的原则性要求，同时允许在不影响人民参与的前提下，部分环节可灵活遵循，显得尤为重要。

在实践程序的运行过程中，还必须有相应的规则作为支撑。这是因为每一环节之间以及环节内部都相对具体和复杂，但其背后又蕴含着一定的原则和运行规定。宪法需要在这些原则与规定中提炼出具有根本性和普遍性的规则，作为抽象性的指导。具体而言，一是要坚持人民民主的原则，确保人民的参与贯穿每一个

环节。无论是立法领域的民主，还是国家权力行使中的民主，都要充分展现全过程人民民主的“全链条”特征，保证立法、行政、司法、监察等各个环节都体现“人民授权”，并通过向全国人民代表大会负责来确保权力始终掌握在人民手中。二是要确保各个环节之间的有机统一，不能分散且无联系。从法理与民主的关系上讲，民主在程序上的表现就是要“通过法律程序的民主化，使人民群众能够参与国家和社会事务的管理”。这意味着在决策、立法以及参与等程序上的民主具有内在的统一性，它要求以民主的方式促进不同群体在决策过程中的合作与协商，广泛听取各种意见，畅通表达渠道并最终汇聚共识；同时，在立法过程中也要贯彻全过程人民民主的理念，从立法议案的提出到通过，都要广泛吸纳人民群众的参与，并辅之以必要的民主程序，以确保立法能够充分体现人民的意志。三是要将民主集中制贯穿全过程人民民主的各个环节，以防止民主的泛化和无序。通过民主集中制，既能保证充分发扬民主、保障人民当家做主，又能防止民主的泛化，从而确保全过程人民民主的高效运行；同时，还能集中力量办大事，并实现人民参与的积极性，充分彰显中国式民主的内在优势。

四、加强实施，为全过程人民民主提供有力的依托和保障

宪法作为国家的根本大法，对全过程人民民主做出了基本规定。在宪法的实施过程中，这一原则自然应当贯彻到具体运行的每一个环节。宪法实施确保政府行为的合法性、选举的公正性，以及政府责任和权力的合法性，而这一切都离不开全过程人民民主的深入实践。因此，政府、司法机关和社会各界应共同努力，确保宪法得到严格实施，以促进全过程人民民主的健康发展。只有在依宪治国的基础上，全过程人民民主才能稳固其根基，为国家的长期繁荣和社会的进步提供坚实的支撑。

具体而言，加强实施以支撑全过程人民民主，应从以下三个方面着手：

一是为确保政府行为合法、公民权利保障与社会秩序稳定的有机统一，宪法明确规定了政府的职责和权力范围。通过严格实施宪法，政府在行使权力时必须遵守法律，确保行政行为的合法性和公正性。同时，将全过程人民民主的精神贯穿始终，有助于防止滥权和腐败现象的发生。宪法明确了全过程人民民主的五大

程序，而宪法的强化实施则能够确保这些程序得到有效落实，并鼓励公民积极参与政治活动，从而促进人民民主的健康发展。此外，宪法的严格实施还为全过程人民民主提供了稳固的社会基础，有助于维护社会的稳定和谐。

二是全过程人民民主的立身之本在于从宪法体制上深刻把握民主的“人民性”，洞悉人民的“主体性”。这是全过程人民民主的动力之源，也是其发展的基础。在新时代背景下，宪法的实施应依据其规定的功能和规范来进行，遵循宪法建构的逻辑和结构要素中的“政权—人权—治权”思路。在国家制度体系、基本权利体系和国家权力体系中全面融入全过程人民民主，使民主特征中的“人民性”、人民的“主体性”及人民民主的“全过程”能够得到充分彰显。

三是全过程人民民主法治化的实现离不开人民群众的真诚拥护和积极践行。由于全过程人民民主已经融入宪法的框架中，因此对宪法的拥护和践行也包含着对全过程人民民主的拥护和践行。为此，需要加强对宪法的宣传和教育力度，在全社会营造人人遵守宪法的良好氛围。通过提高人民群众的宪法意识、增强宪法观念、领会宪法精神，使全过程人民民主在宪法的普及过程中内化为人们自觉的生活方式和价值观念，“铭刻在公民的内心里”，从而让全过程人民民主成为全社会的普遍共识。

第二节　建立并完善全过程人民民主具体的法律法规体系

一、坚持科学立法，体现人民意志

科学立法是全过程人民民主的重要基石，它要求立法活动必须遵循科学的原则和方法，确保所制定的法律能够真实反映人民的意志和利益，同时满足社会发展的实际需求。

“全过程人民民主是一种与西方民主具有本质区别的‘民主道路’‘民主模式’‘民主方案’。‘全过程’是解读人民民主的要旨，是马克思主义民主理论与中国民主实践相结合的最新理论成果，是民主本质的再回归，是民主规律的科学表达。”① 在全过程人民民主中，科学立法占据着举足轻重的地位。它是实现人民当家作主的重要途径，通过科学立法，可以确保人民的意志和利益在法律中得到充分体现。同时，科学立法也是推动社会发展的重要保障，它能够为社会提供稳定、公正、公平的法律环境，促进社会的和谐与进步。因此，必须坚持科学立法，不断完善立法体制和机制，以确保法律的质量和效果。

（一）立法过程中的人民参与

立法过程中的人民参与是全过程人民民主的重要体现。为了保障人民的合法权益，必须拓宽公众参与立法的渠道，同时确保人民在立法中的知情权、表达权、参与权和监督权得到充分保障。

为了拓宽公众参与立法的渠道，可以采取多种措施：首先，可以建立立法听证制度，邀请公众代表参与立法听证会，就相关立法议题发表意见和建议；其次，可以设立立法咨询委员会或专家顾问团，吸纳各领域专家和公众代表参与立法咨询和论证工作；最后，还可以利用现代信息技术手段，如开设立法网站、设立立法微信公众号等，为公众提供便捷的立法参与平台。通过这些措施的实施，可以有效拓宽公众参与立法的渠道，增强立法的民主性和科学性。

在立法过程中，必须充分保障人民的知情权、表达权、参与权和监督权。首先，及时公开立法信息，包括立法计划、立法草案、立法进展等，确保公众能够及时了解立法动态；其次，建立健全公众意见表达和反馈机制，鼓励公众就立法议题提出意见和建议，并及时给予回应和反馈；再次，要保障公众的参与权，让公众有机会直接参与立法过程，如参与立法调研、立法座谈等；最后，加强立法监督，确保立法活动符合宪法和法律的规定，充分反映人民的意志和利益。

（二）立法内容与人民意志的契合

立法内容与人民意志的契合是科学立法的重要目标。为了实现这一目标，必

① 王晓丽，黄元丰. 全过程人民民主的“全过程”逻辑、样态、机制［J］. 深圳大学学报（人文社会科学版），2022，39（6）：14-21.

须确保立法反映人民的利益与诉求，同时体现社会公正与公平。

立法必须紧密围绕人民的利益与诉求展开。在立法过程中，要深入调查研究，了解人民的实际需求和期望，确保所制定的法律能够真正解决人民关心的问题。例如在制定社会保障、教育、医疗等民生领域的法律时，要充分考虑人民的切身利益，确保法律能够为人民提供有效的保障和服务。同时，还要关注社会弱势群体和边缘群体的利益诉求，确保他们在立法中得到充分的关注和保护。

立法不仅要反映人民的利益与诉求，还要体现社会的公正与公平。在立法过程中，要坚持公正、公平的原则，确保法律能够为社会各个阶层与群体提供平等的保护和机会。例如在制定税收、就业、教育等涉及社会分配的法律时，要充分考虑不同阶层和群体的利益平衡，避免造成社会的不公平和不稳定。同时，还要关注社会弱势群体的权益保护，通过立法为他们提供更多的帮助和支持。

（三）科学立法的制度保障

为了确保科学立法的有效实施，必须建立完善的制度保障机制。这包括完善立法程序与机制，以及加强立法评估与反馈。

完善立法程序与机制是科学立法的重要保障。要建立健全立法起草、论证、协调、审议和表决等各个环节的程序和机制，确保立法活动的有序进行。同时，还要加强立法机构的建设和管理，提高立法人员的专业素养和业务能力，确保他们能够胜任科学立法的重任。此外，还要注重立法技术的创新和应用，利用现代信息技术手段提高立法的效率和质量。

加强立法评估与反馈是科学立法的重要环节。要建立健全立法评估机制，对已经制定的法律进行定期评估和检查，确保其在实际运行中的效果和质量。同时，还要建立立法反馈机制，及时收集与处理公众对法律的意见和建议，为法律的修订和完善提供有益的参考。通过这些措施的实施，可以不断完善科学立法的制度保障机制，确保立法活动能够长期有效地为人民服务。

二、推进严格执法，落实权利保障

严格执法是法治国家建设的关键环节，也是实现权利保障的重要手段。

严格执法，就是执法机关和执法人员在执行法律、法规时，必须严格遵守法律规定，确保法律的正确实施，维护法律的权威性和严肃性。它要求执法人员在执法过程中，必须秉持公正、公平、公开的原则，不偏不倚地执行法律，确保法律的统一适用。同时，严格执法还要求执法人员必须具备高度的责任感和使命感，对法律的执行不能有任何懈怠和疏忽。

严格执法在权利保障中发挥着至关重要的作用。首先，严格执法是确保法律得到有效实施的关键。法律的生命力在于实施，而执法的严格性直接关系到法律的实施效果。只有严格执法，才能确保法律的权威性和有效性，从而保障人民的合法权益不受侵犯。其次，严格执法是维护社会公平正义的重要保障。执法机关作为法律的执行者，其执法行为的公正性和公平性直接影响到社会的公平正义。只有坚持严格执法，才能有效打击违法犯罪行为，维护社会的和谐稳定。最后，严格执法是提升政府公信力和形象的重要途径。政府的公信力在很大程度上取决于其执法行为的严格性和公正性。只有做到严格执法，才能赢得人民的信任和支持，提升政府的形象和威信。

（一）执法过程中的权利保障机制

在执法过程中，建立健全权利保障机制是确保严格执法、落实权利保障的重要一环。这包括建立健全权利保障法律法规和加强执法过程中的权利救济两个方面。

1. 建立健全权利保障法律法规

建立健全权利保障法律法规是执法过程中的基础性工作。首先，要完善相关法律法规体系，确保各项权利保障有法可依。这包括制定和完善关于公民基本权利、行政执法程序、行政救济等方面的法律法规，为权利保障提供坚实的法律基础。其次，要加强法律法规的宣传和普及工作，提高公众对法律法规的认知度和理解度，增强公众的权利意识和法律意识。通过广泛宣传法律法规，可以引导公众依法维护自身权益，促进社会的和谐稳定。

2. 加强执法过程中的权利救济

加强执法过程中的权利救济是确保严格执法、落实权利保障的重要措施。在执法过程中，难免会出现一些执法不当或侵权行为，这时就需要及时提供有效的权利救济途径。首先，要建立和完善行政复议、行政诉讼等权利救济制度，为公众提供便捷、高效的救济渠道。当公众的合法权益受到侵害时，可以通过行政复议或行政诉讼等方式寻求法律救济。其次，要加强执法机关与司法机关的衔接和配合，确保权利救济的顺畅进行。执法机关在执法过程中应严格遵守法律规定，对于涉嫌违法的行为应及时移送司法机关处理，确保法律的严肃性和公正性。

（二）执法监督与责任追究

完善执法监督机制、严格执法责任追究制度是确保严格执法、落实权利保障的重要保障措施，这包括完善执法监督机制和严格执法责任追究制度两个方面。

1. 完善执法监督机制

完善执法监督机制是确保严格执法、防止执法滥用的重要手段。首先，要加强内部监督，建立健全执法机关内部的监督机制，对执法行为进行定期检查和评估，确保执法行为的合法性和规范性；其次，要加强外部监督，包括社会监督、舆论监督等，鼓励公众积极参与执法监督，对执法行为进行公开、透明的监督。通过内外部监督的结合，可以形成对执法行为的全面监督体系，确保执法的严格性和公正性。

2. 严格执法责任追究制度

严格执法责任追究制度是确保严格执法、落实权利保障的重要制度保障。首先，要明确执法责任的主体和范围，确保执法人员在执法过程中的行为受到严格的约束和监督。对于执法不当或侵权行为，应依法追究相关人员的法律责任。其次，要加强执法责任的追究力度，对于涉嫌违法的执法行为，应及时进行调查和处理，确保法律的严肃性和权威性。通过严格执法责任追究制度的实施，可以有效遏制执法过程中的违法行为，保障公众的合法权益。

（三）执法能力与素质提升

加强执法队伍建设、提升执法人员法律素养与执法能力是确保严格执法、落实权利保障的基础性工作，这包括加强执法队伍建设和提升执法人员法律素养与执法能力两个方面。

1. 加强执法队伍建设

加强执法队伍建设是提升执法能力与素质的重要途径。首先，要加强执法人员的选拔和培训工作，确保执法人员具备较高的法律素养和执法能力。在选拔过程中，应注重考查人员的法律专业知识、执法经验和职业道德等方面。在培训过程中，应注重提升人员的法律素养、执法技能和职业道德水平。其次，要加强执法队伍的管理和考核工作，建立健全执法人员的考核评价机制，对执法人员的执法行为进行定期考核和评价，确保执法队伍的整体素质和执法水平。

2. 提升执法人员法律素养与执法能力

提升执法人员法律素养与执法能力是确保严格执法、落实权利保障的关键环节。首先，要加强执法人员的法律学习和培训，鼓励执法人员积极参加各种法律培训和学术交流活动，不断提升自身的法律素养和执法能力；其次，要注重执法人员的实践锻炼和经验积累，鼓励执法人员积极参与实际执法工作，通过实践锻炼与经验积累提升自身的执法能力和水平；最后，要加强执法人员的职业道德教育，引导执法人员树立正确的执法理念和职业道德观念，确保执法行为的公正性和公平性。

三、推进公正司法，改革体制机制

公正司法是法治社会的重要基石，也是全过程人民民主得以实现的关键环节。在全面依法治国的背景下，推进公正司法、改革体制机制成为当前司法领域的重要任务。

公正司法，是指在司法活动中坚持和体现公平、正义的原则，确保司法裁判的公正性和权威性。它要求司法机关在行使司法权时，必须遵循法律面前人人平等、以事实为根据、以法律为准绳等基本原则，确保司法裁判的合法性和合理性。公正司法不仅关乎个体的权益保障，更关乎社会的和谐稳定与公平正义的实现。

全过程人民民主强调人民的广泛参与和民主权利的充分保障。在这一背景下，公正司法显得尤为重要。首先，公正司法是保障人民权益的最后一道防线。

当人民的权益受到侵害时，他们可以通过司法途径寻求救济，维护自身的合法权益。其次，公正司法是维护社会公平正义的重要保障。司法机关作为法律的执行者和裁判者，其司法行为的公正性和权威性直接影响到社会的公平正义。最后，公正司法是提升人民对法治信任度的重要途径。只有司法公正，人民才会对法治产生信任感，从而更加积极地参与到法治建设中来。

（一）司法体制机制的改革与创新

面对新时代的新要求，司法体制机制必须进行改革与创新，以适应社会发展的需要，包括优化司法职权配置和推进司法体制改革两个方面。

1. 优化司法职权配置

优化司法职权配置是司法体制机制改革的重要内容。首先，要明确司法机关的职权范围，确保司法机关在行使职权时不会超越法律赋予的权限；其次，要合理划分不同司法机关之间的职权，避免职权交叉和重叠，提高司法效率；最后，要加强司法机关之间的协作与配合，形成工作合力，共同推进司法工作的顺利开展。

2. 推进司法体制改革

推进司法体制改革是优化司法体制机制的关键环节。首先，要深化司法体制综合配套改革，完善司法管理体制和司法权力运行机制，确保司法机关依法独立公正行使审判权和检察权；其次，要加强司法人员分类管理和职业保障制度建设，提高司法人员的专业素养和职业道德水平；最后，要推进司法公开和司法信息化建设，提高司法的透明度和公信力。

（二）司法公正的实现路径

实现司法公正是司法工作的核心目标。为了这一目标，必须加强司法独立与公正，完善司法程序与制度。

1. 加强司法独立与公正

加强司法独立与公正是实现司法公正的重要前提。首先，要确保司法机关依法独立行使审判权和检察权，不受任何非法干涉和影响；其次，要加强司法机关的内部监督制约机制建设，防止司法腐败和司法不公现象的发生；最后，要提高司法人员的职业素养和道德水平，确保他们能够公正、廉洁地行使司法权。

2. 完善司法程序与制度

完善司法程序与制度是实现司法公正的重要保障。首先，要完善司法程序制度，确保司法程序的公正、公开和透明。这包括完善立案、审判、执行等各个环节的程序规定，确保当事人的合法权益得到充分保障。其次，要加强司法制度建设，完善司法责任制、司法救助制度等，为司法公正提供有力的制度保障。最后，要加强司法监督制度建设，确保司法机关的司法行为受到有效的监督和制约。

（三）司法监督与社会参与

加强司法监督与社会参与是推动司法公正的重要途径，这包括加强司法监督体系建设和提升社会公众对司法的参与度与信任度两个方面。

1. 加强司法监督体系建设

加强司法监督体系建设是确保司法公正的重要措施。首先，要加强党对司法工作的监督，确保司法机关始终坚持正确的政治方向；其次，要加强人大对司法工作的监督，通过人大监督促进司法机关依法行使职权；最后，要加强社会监督体系建设，包括媒体监督、公众监督等，形成对司法机关的全面监督格局。

2. 提升社会公众对司法的参与度与信任度

提升社会公众对司法的参与度与信任度是推动司法公正的重要动力。首先，要加强司法公开工作，通过公开审判、公开执行等方式提高司法的透明度，让公众更加了解和支持司法工作；其次，要加强司法宣传工作，通过普法教育、法律援助等方式提高公众的法律意识和法律素养，引导他们更加积极地参与到司法活动中来；最后，要加强司法与社会的互动机制建设，通过设立公众意见征集渠道、开展司法听证等方式听取公众的意见和建议，增强司法的民主性和科学性。

四、推进全民守法，共建和谐社会

在全面依法治国的宏伟蓝图下，推进全民守法，共建和谐社会，是实现国家治理体系和治理能力现代化的重要基石。全民守法不仅关乎法律的普及与遵守，更关乎社会秩序的稳定与和谐，是法治社会建设的核心要素。

全民守法，是指全体社会成员普遍尊重和遵守法律，依法行使权利和履行义务的状态。这一理念要求法律面前人人平等，无论身份、地位如何，都必须严格遵守法律，不得有超越法律的特权行为。全民守法不仅是法治社会的基础，也是和谐社会的重要标志。全民守法不仅意味着公民要知晓法律、理解法律，更要求公民在实际生活中践行法律，将法律原则转化为具体的行为准则。它要求公民在行使权利时不能侵犯他人的合法权益，在履行义务时不逃避法律责任。全民守法还要求公民具备法律信仰，即内心深处对法律的尊重与认同，这是实现全民守法的精神基础。

全民守法在和谐社会建设中扮演着至关重要的角色。首先，全民守法是维护社会稳定的重要基石。当全体社会成员都遵守法律时，社会秩序得以维护，冲突和矛盾得以有效化解，从而为社会和谐创造有利条件。其次，全民守法是保障公平正义的必然要求。法律是公平正义的化身，全民守法意味着公平正义得到普遍遵循，社会成员之间的权益得到平衡保护。最后，全民守法是提升社会治理效能的关键途径。在全民守法的社会环境中，法律成为社会治理的主要手段，治理过程更加规范、高效，社会治理效能显著提升。

（一）守法意识的培育与提升

守法意识的培育与提升是实现全民守法目标的关键环节。这包括加强法制宣传教育和提升公民法律素养与守法意识两个方面。

1. 加强法制宣传教育

法制宣传教育是提高公民守法意识的有效途径。首先，要创新法制宣传教育的形式和内容，使之更加贴近公民的实际生活，增强教育的吸引力和感染力。可以利用现代媒体技术，如互联网、移动通信等，开展线上法制宣传教育，使法律知识更加便捷地传播到每一个角落。其次，要注重法制宣传教育的实效性，确保公民不仅知晓法律条文，更能理解法律的精神和原则，从而在实践中更好地遵守法律。

2. 提升公民法律素养与守法意识

提升公民法律素养与守法意识是实现全民守法的内在要求。首先，要加强公民的法律知识教育，使公民具备基本的法律常识和法治观念。这可以通过学校教育、社会培训等多种方式实现，确保公民在不同阶段都能接受到系统的法律知识教育。其次，要注重培养公民的法律思维能力，使公民在遇到问题时能够自觉地运用法律进行思考和判断。这要求在法治宣传教育中注重培养公民的法律逻辑推理能力和法律应用能力。最后，要通过实践锻炼增强公民的法律信仰和守法意识。鼓励公民参与法律实践活动，如旁听庭审、参与法律援助等，使公民在实践中感受到法律的威严和公正，从而更加坚定地遵守法律。

（二）守法行为的激励与约束

守法行为的激励与约束是推动全民守法的重要手段。这包括建立健全守法激励机制和加强对违法行为的惩处与约束两个方面。

1. 建立健全守法激励机制

建立健全守法激励机制是鼓励公民积极守法的重要措施。首先，要通过立法明确守法行为的法律后果，即守法者应当受到法律的保护和奖励。这可以体现在法律条文中，明确规定守法者的权益保障和奖励措施。其次，要在社会层面树立守法典范，对守法行为进行表彰和奖励，形成全社会崇尚守法的良好风尚。这可以通过媒体宣传、社会评选等方式实现，使守法者成为社会的楷模和榜样。最后，要注重守法激励机制的实效性，确保激励措施能够真正落到实处，激发公民守法的积极性和主动性。

2. 加强对违法行为的惩处与约束

加强对违法行为的惩处与约束是维护法律权威、保障全民守法的重要手段。首先，要严格执法，确保法律面前人人平等，无论身份、地位如何，一旦违法都必须受到法律的制裁。这要求执法机关依法行使职权，不偏不倚地执行法律。其次，要加大违法成本，使违法者付出应有的代价。这可以通过提高罚款金额、加大刑事处罚力度等方式实现，使违法者意识到违法的严重后果。最后，要注重违法行为的预防和教育，通过法治宣传教育和社会监督等方式，引导公民自觉遵守法律，减少违法行为的发生。

（三）守法环境的营造与优化

守法环境的营造与优化是实现全民守法目标的重要保障。这包括构建良好的法治社会环境和推动形成全社会尊法学法守法用法的良好氛围两个方面。

1. 构建良好的法治社会环境

构建良好的法治社会环境是实现全民守法的基础条件。首先，要加强法治政府建设，确保政府机关依法行政、公正司法。政府作为法律的执行者和守护者，其法治化程度直接影响到全社会的法治水平。其次，要注重法治文化的培育和传播，使法治成为全社会的共同价值追求。这可以通过举办法治文化活动、推广法治理念等方式实现，使法治文化渗透到社会的每一个角落。最后，要加强法治基础设施建设，如法律援助中心、法律服务中心等，为公民提供便捷的法律服务，保障公民的合法权益。

2. 推动形成全社会尊法学法守法用法的良好氛围

推动形成全社会尊法学法守法用法的良好氛围是实现全民守法的长远目标。首先，要注重法治教育的普及和深入，使法治观念深入人心。这可以通过学校教育、社会培训、媒体宣传等多种方式实现，确保公民在不同阶段都能接受到系统的法治教育。其次，要鼓励公民积极参与法治实践活动，如旁听庭审、参与立法讨论等，使公民在实践中感受到法治的力量和魅力。最后，要注重法治文化的传承和创新，将法治文化与传统文化、现代文化相结合，形成具有中国特色的法治文化体系，为全社会尊法学法守法用法提供强大的文化支撑。

第三节 构建全过程人民民主法治化的运行机制

“五位一体”总布局，即经济建设、政治建设、文化建设、社会建设、生态文明建设，是中国特色社会主义事业发展的总体布局，它深刻体现了我党对社会主义建设规律的认识深化和战略部署的全面性。这一布局中，经济建设是物质基础，政治建设是根本保障，文化建设是精神支撑，社会建设是民生之基，生态文明建设则是可持续发展的必要条件。他们之间相互依存、相互促进，共同构成了中国特色社会主义事业发展的完整体系。

法治在这一总布局中占据着核心地位，发挥着不可替代的作用。法治以其独特的规范性、稳定性、权威性，为“五位一体”总布局的各个方面提供了坚实的制度保障。在经济建设领域，法治维护市场秩序，保障公平竞争，为经济持续健康发展营造稳定可预期的环境；在政治建设领域，法治规范权力运行，保障人民民主权利，推动政治文明进步；在文化建设领域，法治促进文化繁荣，保护文化创新，为社会主义文化强国建设提供法治支撑；在社会建设领域，法治化解社会矛盾，维护社会稳定，保障社会公平正义；在生态文明建设领域，法治推动绿色发展，保护生态环境，促进人与自然和谐共生。

基于法治在“五位一体”总布局中的核心地位和作用机制，构建全过程人民民主法治化运行机制的基本框架和思路应运而生。这一机制旨在将法治原则、法治精神贯穿于人民民主的全过程，确保人民民主的权利得到法治的保障，人民民主的实践在法治的轨道上运行。具体而言，就是要完善法律法规体系，确保人民民主的各项权利有法可依；加强法治实施，保障人民民主的各项制度得到有效执行；强化法治监督，确保人民民主的实践不受非法干扰和破坏；提升全民法治素养，为全过程人民民主营造浓厚的法治氛围。通过这样的机制构建，能够进一步推动法治与民主的深度融合，实现法治保障下的全过程人民民主，为“五位一体”总布局的全面发展提供坚实的法治支撑。

一、法治与“五位一体”总布局的关系及运行机制

（一）法治与经济建设的关系及运行机制构建

法治与经济建设之间的关系紧密且深远，其在维系市场经济秩序方面扮演着至关重要的角色。市场经济，作为一种根植于规则与契约的经济模式，其良性运作离不开法治的坚实支撑。法治通过确立明晰的规则架构，确保市场参与者的行为受到必要的约束与规范，进而维系了市场经济的正常秩序。同时，法治在产权保护、公平竞争等经济原则的实施上亦展现出不可或缺的价值。产权保护构成市场经济之基石，它要求法律对财产权进行清晰界定并提供有效保障；而公平竞争则是市场经济的核心所在，它强调所有市场参与者应在同等条件下展开竞争，规避不正当竞争与垄断行为的出现。法治通过制定并执行相关法律法规，为这些经济原则的实施筑起了坚实的屏障。此外，法治还有助于增进经济政策的稳定性与可预测性，这两者对于市场经济的健康发展至关重要。法治通过规范经济政策的制定与执行流程，确保政策具备连续性与稳定性，同时提升政策的透明度与可预测性，从而为市场参与者提供了稳定的预期与明确的指导。

为了充分彰显法治在经济建设中的效用，构建一套完备的经济法治运行机制显得尤为必要。这包括完善经济法律法规体系，确保各项经济活动有法可依，这要求制定与修订适应市场经济发展的法律法规，填补法律空白，并提升法律的可操作性与针对性。同时，加强经济执法力度，维护市场秩序与公平竞争，确保法律法规得到有效执行，加大对违法行为的查处力度，严厉打击破坏市场秩序与公平竞争的行为，以维护良好的市场经济环境。推进经济司法公正，保障市场主体的合法权益，亦是关键一环，这需要加强经济司法体系建设，提升司法审判的公正性与效率性，确保市场主体的合法权益能够得到切实保护。最后，强化全民守法意识，营造良好的经济法治环境，通过加强法治宣传教育，提升全民的法治素养与守法意识，营造全社会尊法学法守法用法的积极氛围，为经济建设提供坚实的法治保障。

（二）法治与政治建设的关系及运行机制构建

法治与政治建设之间的关系紧密且深远，这种联系体现在政治体系的多个维度之中。法治被视为政治文明的重要标志，它代表了一种先进的政治理念和治理方式。在政治建设的进程中，法治的引入和实践标志着政治体系的成熟与完善，它要求所有政治活动都必须在法律的框架内进行，从而确保政治的稳定与有序。同时，法治在保障人民当家作主权利的实现上扮演着至关重要的角色。人民当家作主作为社会主义民主政治的本质和核心，其实现离不开法治的支撑和保障。法治为人民提供了实现民主权利的有效途径和制度保障，使得人民的民主权利得以制度化、法律化，进而确保了人民能够依法参与政治生活，管理国家事务。此外，法治还规范了政治权力的运行，有效遏制了腐败和滥用职权的现象。政治权力作为政治建设的核心要素，其运行必须受到严格的约束和监督。法治通过制定和执行相关法律法规，为政治权力的运行设定了明确的规则和界限，从而确保了权力的合法、公正和有效行使。

为了充分发挥法治在政治建设中的积极作用，构建一套完善的法治运行机制显得尤为重要。这要求坚持依法治国、依法执政、依法行政的共同推进，确保国家和社会生活的各个方面都遵循法律的准则，政府依法行使权力，公民依法履行义务。同时，完善人民代表大会制度，保障人民的民主权利，确保这一根本政治制度能够更好地代表人民的利益和意愿，实现人民的民主权利。加强党内法规建设，推进全面从严治党，通过制定和执行党内法规，规范党员行为，保持党的先进性和纯洁性。另外，强化对公权力的监督制约，确保权力在阳光下运行，建立健全的监督制约机制，防止权力滥用和腐败现象的发生。通过这些措施的实施，可以构建一个更加完善、有效的法治运行机制，为政治建设的持续发展提供坚实的法治保障。

（三）法治与文化建设的关系及运行机制构建

在探讨法治与文化建设的关系时，不得不深入剖析两者间相互交织、相互促进的内在联系。法治文化，作为社会主义先进文化的重要组成部分，不仅承载着法治的精神和价值，更是推动文化建设不断向前发展的强大动力。法治的引入和实施，为文化产业的发展提供了稳定的法律环境和明确的规则指引，从而促进了文化产业的健康发展，保障了文化市场的繁荣与有序。在这个过程中，法治理念逐渐深入人心，成为全社会共同遵循的价值准则，进而提升了全社会的法治素养。

为了进一步深化法治与文化建设的关系，需要构建一套完善的运行机制。首先，要加强法治文化建设，通过多种形式和渠道弘扬社会主义法治精神，使法治成为全社会共同的价值追求和行为准则。其次，要完善文化立法，制定更加科学、合理的法律法规，为文化产业的合法权益提供坚实的法律保障。同时，要强化文化市场监管，加大对违法文化产品的打击力度，维护文化市场的良好秩序。最后，要推动法治教育与国民教育的深度融合，将法治素养作为国民教育的重要内容，通过系统的法治教育提升全民的法治素养，为法治与文化建设的持续发展奠定坚实的基础。

（四）法治与社会建设的关系及运行机制构建

法治与社会建设之间存在着紧密且深刻的联系，法治以其独特的规范性、稳定性和权威性，为社会公平正义构筑了坚实的制度基石，进而有效维系了社会的稳定与和谐。同时，法治的引入和实施，极大地促进了社会治理体系和治理能力的现代化进程，使得社会治理越发呈现出科学化、高效化与民主化的特征。

为了进一步深化法治与社会建设之间的内在联系，构建一套完善的运行机制显得尤为必要。这要求致力于完善社会治理的法律法规体系，确保社会治理的各项活动均拥有明确的法律依据，实现有法可依，这是法治在社会建设中发挥效用的基石所在。同时，应积极推进多元共治模式，充分发挥政府、市场、社会等多元主体在社会治理中的独特作用，形成政府依法履行社会治理职责、市场在社会治理中发挥资源配置决定性作用、社会积极参与社会治理的多元共治格局。此外，还须着力强化社会矛盾纠纷的化解机制，通过法治途径有效化解社会矛盾，维护社会的和谐稳定，这包括完善调解、仲裁、诉讼等多元化的纠纷解决机制，并加强对弱势群体合法权益的保护。同时，加强社区法治建设，提升基层社会治理水平亦是不可或缺的一环，通过加强社区法治建设，可以推动基层社会治理的法治化、规范化进程，进而提升整个社会的治理水平。

（五）法治与生态文明建设的关系及运行机制构建

法治与生态文明建设之间存在着紧密且深刻的联系，法治作为生态文明建设的重要保障，对促进生态环境保护和资源合理利用、推动绿色发展和生态文明理念深入人心发挥着积极作用。法治以其独特的规范性、强制性和权威性，为生态文明建设提供了坚实的制度支撑和法律保障。具体而言，法治在生态文明建设中发挥着基础性的保障作用，通过制定和完善生态环境法律法规体系，确保生态环境保护有法可依，为生态文明建设的各项措施提供明确的法律依据和制度保障。这一体系不仅规范了政府、企业与个人在生态环境保护和资源利用方面的行为，还明确了各自的权责，从而保障了生态文明建设的顺利进行。

同时，法治在促进生态环境保护和资源合理利用方面发挥着关键作用。通过加强生态环境执法力度，严厉打击破坏生态环境的行为，法治有效地维护了生态环境的秩序和稳定。此外，法治还通过法律的引导和约束，推动了绿色发展和生态文明理念的深入人心，促使社会各界更加积极地参与到生态文明建设中来，形成了全社会共同关注、共同参与的良好氛围。

为了进一步深化法治与生态文明建设的关系，构建一套完善的运行机制显得尤为重要。这要求在完善生态环境法律法规体系的基础上，加强生态环境执法力度，确保法律法规得到有效执行，同时加大对破坏生态环境行为的查处和打击力度。推进生态环境司法公正也是构建这一机制必不可少的一环，通过公正、高效的司法审判，保障生态环境受损者的合法权益，维护社会公平正义。

最后，强化全民生态文明意识是构建法治与生态文明建设运行机制的重要环节。通过广泛的宣传教育和社会实践，提高全民对生态文明建设的认识和参与度，形成全社会共同参与生态文明建设的良好氛围，这将为生态文明建设的长期发展提供源源不断的动力和支持。

二、全过程人民民主法治化运行机制的综合构建

在当今社会，全过程人民民主已成为中国民主政治发展的重要方向，而法治

化运行机制的构建则是实现这一目标的关键所在。

（一）机制设计原则

全过程人民民主法治化运行机制的构建，必须遵循以下基本原则：

首先，坚持党的领导、人民当家作主、依法治国有机统一。党的领导是全过程人民民主法治化建设的根本保证，必须始终坚持党的全面领导，确保法治化建设的正确方向。同时，人民当家作主是社会主义民主政治的本质和核心，法治化运行机制的构建必须充分体现人民的主体地位，保障人民民主权利的实现。依法治国则是党领导人民治理国家的基本方略，必须确保所有法律法规的制定和执行都严格遵循法律程序，维护法律的权威和尊严。

其次，体现全过程人民民主的理念和要求。全过程人民民主强调人民的广泛参与和全过程监督，法治化运行机制的构建必须充分反映这一理念，确保人民在立法、执法、司法等各个环节都能有效参与，实现民主权利的全覆盖。

最后，确保法治化运行机制的科学性、系统性和可操作性。法治化运行机制的构建必须遵循科学的原则，确保各项制度设计合理、有效。同时，要注重机制的系统性，确保各个环节相互衔接、协调一致。此外，还要注重机制的可操作性，确保各项制度能够在实际运行中得到有效执行。

（二）机制核心内容

全过程人民民主法治化运行机制的核心内容主要包括以下方面：

第一，完善法律法规体系，确保各领域、各环节都有法可依。法律法规是法治化运行机制的基础。为了保障全过程人民民主的实现，必须不断完善法律法规体系，确保各个领域、各个环节都有明确的法律依据。这包括加强立法工作，提高立法质量，确保法律法规的科学性、合理性和可操作性。同时，还要注重法律法规的及时修订和更新，以适应社会发展的需要。

第二，强化执法司法公正，保障人民群众合法权益。执法司法是法治化运行机制的重要环节。为了维护法律的权威和尊严，必须强化执法司法公正，确保法律法规得到有效执行。这要求执法司法机关严格依法办事，公正、公平、公开地处理每一起案件，切实保障人民群众的合法权益。同时，还要加强对执法司法活动的监督，防止权力滥用和腐败现象的发生。

第三，推进全民守法，提升全社会法治素养。全民守法是法治化运行机制的重要目标。为了实现这一目标，必须加强法治宣传教育，提高全社会的法治意识和法治素养。这包括普及法律知识，增强人民群众的法治观念和法律意识；加强法治文化建设，营造尊法学法守法用法的良好氛围；推动法治教育与国民教育的深度融合，将法治素养作为国民教育的重要内容。

第四，加强监督制约，确保公权力在阳光下运行。监督制约是法治化运行机制的重要保障。为了防止公权力的滥用和腐败现象的发生，必须加强对公权力的监督制约。这包括完善权力监督机制，确保权力在法律规定的范围内行使；加强社会监督和舆论监督，让权力在阳光下运行；推动反腐败斗争的深入开展，坚决惩治腐败行为。

第五，促进民主与法治深度融合，实现全过程人民民主法治化。全过程人民民主的实现需要民主与法治的深度融合。为了促进这一融合，必须推动民主制度化、法律化，将民主的原则和精神贯穿于法治化运行机制的全过程。这包括在立法过程中充分发扬民主，广泛听取人民群众的意见和建议；在执法司法过程中保障人民的知情权、参与权、表达权和监督权；在全社会营造民主法治的良好氛围，推动全过程人民民主的实现。

第四节　全面落实全过程人民民主法治实施与监督体系

全过程人民民主法治化不仅是法律法规体系的法治化，更是实施和监督体系的法治化。全面建构全过程人民民主法治实施体系和监督体系，不断提升人民群众民主参与立法的意识和能力，是全过程人民民主法治化的重要实现路径。

一、全面建构党内法规体系

全面建构党内法规体系，被视为全过程人民民主法治化的关键先导环节。全面依法治国作为推进国家治理体系和治理能力现代化的核心保障，其实现必然依赖于党对法治工作的集中统一领导。在此背景下，中国共产党作为全面依法治国的领导力量，同时也是全过程人民民主法治化进程的领导核心，其角色显得尤为重要。党内民主在遵循国家宪法法律和法规的基础上，应积极推动党内法规体系的形成与完善，并在特定情境下要求党纪严于国法，以此发挥引领和示范作用。同时，及时向全体党员普及党内关于民主法治化的内容，提升领导干部的法治化、民主化意识，并加强程序正义建设，全面保障党员权利，确保民主权利的真实性得到充分体现。这一系列举措旨在使党内法规的发展完善产生全国范围的引领效应，通过党内民主法治化，将党员、干部在党内生活中培养起来的民主意识、民主作风、民主习惯延伸至各级国家机关和社会生活中。这一过程不仅彰显了中国共产党对民主法治化的重视与实践，而且作为执政党，其对整个社会起着表率和引领作用，能够将党内民主法治化的优良经验和做法转化为具体指导，为全过程人民民主法治化提供明确的进程和方向。党内民主实现法治化，将进一步推动全社会全过程人民民主法治化的建设。为此，全党需以身作则，中央政治局更应率先垂范，同理，要求人民做到的，全党亦须先行一步，这样才能确保全过程人民民主法治化得以真正落实。

二、全面建构全过程人民民主法治实施体系

全面建构全过程人民民主法治实施体系，被视为全过程人民民主法治化的核心环节。法律的生命力根植于其有效实施之中，任何法律，无论其设计多么完善，若缺乏有力的执行，都将沦为空谈。当前，我国宪法、选举法和全国人大组织法等重要法律条文均深刻蕴含着全过程人民民主的理念。鉴于全面依法治国战略的深入实施与国家现代化建设的实际需求，强化此类法律的实施力度，为全过程人民民主理念的具体落地提供坚实保障，显得尤为迫切。

具体而言，一方面，须严格执行相关法律法规的明文规定，因为宪法及其他具体法律中明确包含了全过程人民民主的组织架构及行为规范。例如宪法中的相关条款不仅阐明了各级人民代表大会的民主选举原则，还强调了国家机关对人民代表大会的负责及受监督关系，这些规定深刻体现了全过程民主的核心理念，并

要求国家机关始终保持与人民的紧密联系，积极倾听并吸纳人民的意见与建议。另一方面，针对法律尚未明确或存在规范空白的事项，应从全过程人民民主的视角出发进行解读与实施。以全国人大及其地方人大组织法为例，虽然法律强调了人大代表与人民群众的联系及意见听取机制，但在具体操作层面，如何保持这种联系、应倾听哪些方面的意见等细节尚待明确。这就要求人大代表在履职过程中，须尽可能全面、深入地了解和反映人民群众的多元需求与关切，为人民群众的基本民主权利提供更加周全的保障。

同时，对于未能获得人大采纳的人民群众意见和建议，亦应从法律层面给予合理的解释与回应。尽管人民群众的利益诉求多样，但对于未被采纳的意见，应通过法律途径明确说明理由，以此彰显对人民群众知情权、监督权的充分尊重与保障。

三、全面建构全过程人民民主法治监督体系

全面建构全过程人民民主法治监督体系，被视为全过程人民民主法治化的关键环节。监督作为法治实施中的重要机制，对于防止权力滥用具有不可替代的作用。缺乏健全的法治监督体系，全过程人民民主的各项法律法规将难以得到有效执行与落实。从实践层面来看，将群众监督贯穿于整个立法过程显得尤为重要，这意味着在立法前、立法中和立法后的各个阶段，都需要广泛倾听人民群众的呼声，实现民主监督的全覆盖、全方位、全过程。同时，对于人民群众在监督过程中发现的问题，应给予认真对待，并通过相应的物质或精神奖励机制，有效调动人民群众参与监督的积极性和长效性。

此外，拓宽监督渠道和完善监督方式也是不可或缺的。这要求在全过程人民民主法治化的进程中，对执法主体、内容、程序、对象等进行细节化的监督，特别是要为那些在传统上政治影响力较弱的群体“赋权”，强化他们的“民主音量”，从而通过全面的监督过程推动民主和法治建设的深入发展。

构建全面的监督体系并形成监督合力也是关键所在。鉴于全过程人民民主的具体实践涉及广泛的参与主体、丰富的内容，以及复杂的组织和程序链条，因此不能仅依赖于单一的监督机构或监督方式；相反，需要形成一个监督网络，确保

全过程人民民主法治化的每一个领域都有相应的监督力量存在，从而形成一个完整、有效的监督体系。

四、全面提升人民群众民主参与立法的权利

全面提升人民群众民主参与立法的权利，是全过程人民民主法治化的核心要求。全过程人民民主的法治化进程，本质上依赖于人民的广泛参与，唯有如此，方能确保法律真正反映人民需求，有效维护人民利益。权利作为法定的资格，其赋予与保护直接关系到人民参与的可能性与实效性。一旦人民获得了法定的参与资格，便能自觉运用宪法及相关法律所赋予的权利，积极行使立法权、决定权及监督权。因此，既需要通过法律进一步明确和细化相关规定，也需要创造有利条件，以促进人民更深入地参与其中。

具体而言，实现这一目标需从两方面着手。一方面，必须坚持群众路线，深入群众进行实地调研，将调研所得的认识和先进经验及时融入法律之中。同时，应充分利用数字化治理的优势，借助各种数字平台，广泛听取和吸收群众的意见和建议，使人民在智能媒体时代能够更便捷地行使参与权利。另一方面，应充分发挥中国特色新型智库在“加强法治理论研究和宣传”方面的作用。智库在治国理政中的作用日益凸显，尽管其专业性较强且主要针对政府决策，但随着社会的发展和问题的复杂化，智库的研究不能局限于本学科领域。在法治化进程中，智库作为“外脑”应与“内脑”同样深度参与，以确保法律的科学化、民主化、专业化和系统化。积极支持智库参与立法，不仅能为广大群众的参与提供榜样和引领，还能激发更多人参与到立法的过程中，共同推动全过程人民民主法治化的进程。

五、全面建构全过程人民民主法治保障体系

全面建构全过程人民民主法治保障体系，是推进全过程人民民主法治化的内在要求。这一过程涉及对政治、思想、组织、人才和物质等多个维度的保障内容的明确与强化。具体而言，需要加强党对全过程人民民主的领导作用，确保基层党组织在这一过程中能够充分发挥其战斗堡垒作用，为民主法治化进程提供坚实

的政治保障。同时，注重提升党员干部的民主法治观念，这不仅为全过程人民民主法治化奠定了必要的思想基础，也为其实施提供了有力的人才支持。此外，还须充分发挥人大、政协等制度载体在全过程人民民主中的重要作用，通过这些平台的建设与优化，进一步夯实全过程人民民主法治化的基础设施。在机制层面，优化民主治理工作机制，加大对全过程人民民主法治化的经济投入，全面铺开并优化基层立法联系点，以此为基础，通过深厚的物质基础来构建和完善全过程人民民主的法治保障体系。

参考文献

[1] 王岩. 全过程人民民主的显著特征及其对西方民主的超越［J］. 马克思主义理论学科研究，2024，10（01）：52.

[2] 莫纪宏. 论全过程人民民主的民主治理结构及其特征［J］. 法治社会，2024（02）：1.

[3] 陈珂. 文化视阈下全过程人民民主的优势与价值阐析［J］. 理论导刊，2024（07）：58.

[4] 王朝阳. 法治中国建设——以全过程人民民主视角［J］. 国际公关，2022（23）：29.

[5] 孙剑纲. 新时代全过程人民民主的人大实践［J］. 中共中央党校学报，2021，25（6）：36-41.

[6] 张君. 发展全过程人民民主：新时代的关键抉择［J］. 东吴学术，2023（2）：98-107.

[7] 张君. 全过程人民民主：新时代人民民主的新形态［J］. 政治学研究，2021（4）：11-17.

[8] 全国人大常委会法制工作委员会. 发展全过程人民民主加强和改进新时代立法工作［J］. 中国人大，2021（21）：22-24.

[9] 丁新正. 中国特色社会主义民主法治建设路径再认识［J］. 南阳师范学院学报，2015，14（05）：3.

[10] 张生. 历史经验与现实选择：在法治轨道上推进中国式现代化［J］. 河北师范大学学报（哲学社会科学版），2023，46（01）：1.

[11] 周佑勇. 大变局下中国式民主的制度优势与宪法保障［J］. 中国法学，2023（01）：46-64.

[12] 蔡宝刚. 论中国式法治现代化新道路的路径创新［J］. 法治现代化研究，2022，6（06）：67-78.

［13］黄先露. 中国特色社会主义法治文化的主体性研究［D］. 杭州：浙江大学，2023：19-26.

［14］许身健. 中国式民主的法治保障［J］. 人民论坛·学术前沿，2022（05）：63-71.

［15］张文显. 论中国式法治现代化新道路［J］. 中国法学，2022（01）：5-31.

［16］房广顺，司书岩. 中国特色社会主义协商民主的法治进路［J］. 沈阳师范大学学报（社会科学版），2017，41（05）：1-7.

［17］李良栋. 中国特色社会主义政治发展道路的民主法治内涵［J］. 紫光阁，2013（08）：27-29.

［18］严华. 中国特色社会主义民主法治建设研究［J］. 人民论坛，2013（17）：120-122.

［19］张琦英. 中国特色社会主义民主政治实践探索研究［D］. 南宁：南宁师范大学，2023：28-49.

［20］周志平. 马克思民主思想研究［M］. 广州：世界图书出版广东有限公司，2012.

［21］刘维春. 列宁民主理论的历史来源与当代意义［M］. 厦门：厦门大学出版社，2018.

［22］赵旭. 列宁民主理论的当代价值［D］. 天津：天津师范大学，2013：20-33.

［23］黄荷. 马克思主义的共同富裕思想及其当代意义［J］. 马克思主义哲学研究，2024，33（1）：321.

［24］张婷. 论列宁民主思想及其当代启示［J］. 江苏省社会主义学院学报，2022，23（4）：51.

［25］中共中央党校（国家行政学院）政治和法律教研部，中共中央党校（国家行政学院）人民民主研究中心，周佑勇. 中国式民主及其法治保障［M］. 北京：人民出版社，2022.

［26］万其刚，汤建军. 发展全过程人民民主［M］. 北京：东方出版社，2023.

[27] 田改伟. 党内民主与人民民主［M］. 天津：天津出版传媒集团，天津人民出版社，2015.

[28] 任仲文. 何为全过程人民民主［M］. 北京：人民日报出版社，2022.

[29] 段治文. 中国特色社会主义民主新论［M］. 杭州：浙江大学出版社，2016.

[30] 程彬. 基层民主协商制度研究［M］. 上海：上海人民出版社，2015.

[31] 臧秀玲，贾晓强. 中国新型政党制度推进全过程人民民主的程序、机制与路径［J］. 山东大学学报（哲学社会科学版），2024（3）：12-21.

[32] 程迈. 数字时代全过程人民民主宪法实现机制研究［J］. 河南社会科学，2024，32（6）：43-51.

[33] 赧文涛，陈丹，张海夫. 论全过程人民民主的协商机制［J］. 西南林业大学学报，2023，7（10）：12-16.

[34] 杨莉芸. 党建引领基层协商民主的政治逻辑、实现机制与实践平台［J］. 中州学刊，2022（3）：1-5.

[35] 唐亚林. “全过程民主”：运作形态与实现机制［J］. 江淮论坛，2021（1）：68-75.

[36] 王晓丽，黄元丰. 全过程人民民主的“全过程”逻辑、样态、机制［J］. 深圳大学学报（人文社会科学版），2022，39（6）：14-21.

[37] 刘银喜，杨莹. 全过程人民民主：中国特色社会主义社会治理保障机制［J］. 理论探讨，2023（1）：55-62.

[38] 何永红. 论基层协商民主机制的法治化［J］. 浙江社会科学，2021（3）：54-65.

[39] 魏崇辉. 面向共同富裕的全过程人民民主：内在机制与推进路径［J］. 行政论坛，2022，29（5）：15-21.

[40] 刘恩东. 新媒体意识形态对外传播运行机制与美国对华民主输出［J］. 上海行政学院学报，2016，17（5）：86-95.

[41] 河南省党建研究会课题组. 群众路线视阈下党的民主集中制运行机制创新［J］. 中州学刊，2015（1）：21-26.

［42］庞锋. 干部选任的科学化与民主机制构建［J］. 中国软科学，2016（z1）：21-26.

［43］孙枝俏，孙奔. 协商民主：维稳长效机制构建的新思维［J］. 江苏行政学院学报，2014（4）：94-98.

［44］王甲旬，喻继军. 习近平生态文明思想融入“思想道德与法治”课教学的思考［J］. 思想教育研究，2023（5）：101-105.

［45］陈海嵩. 中国生态文明法治转型中的政策与法律关系［J］. 吉林大学社会科学学报，2020，60（2）：47-55.

［46］张忠民，冀鹏飞. 习近平法治思想和生态文明思想的自足与互助：以环境法典为中心［J］. 重庆大学学报（社会科学版），2021，27（5）：183-196.

［47］刘尊梅，高峰. 生态文明视域下环境法治转型的实现路径与制度回应［J］. 学术交流，2021（6）：24-33.

［48］徐忠麟. 生态文明与法治文明的通约及融合［J］. 清华法治论衡，2014（2）：151-165.

［49］姚贝. 生态文明与我国法治建设的价值取向［J］. 北京林业大学学报（社会科学版），2011，10（4）：82-85.

［50］房圣康，李楠. 社会主义民主的演进历程、根本超越及建设路径［J］. 中州学刊，2024（5）：18-23.

［51］李盼强. 民主的概念：毛泽东的民主构境与多维镜像的阐释［J］. 湘潭大学学报（哲学社会科学版），2024，48（3）：7-13.

［52］董树彬，罗原生. 现代化进程中的中国式民主：发展向度、结构体系与世界贡献［J］. 教学与研究，2024（5）：120-130.

［53］张明军，李天云. 数字全过程人民民主：发展动因、内涵体系与构建路径［J］. 社会科学研究，2024（3）：1-10.

［54］董金柱. 我国协商民主的传统思想文化底蕴及其特性［J］. 湖北社会科学，2024（3）：52-59.

[55] 林修能. 论全过程人民民主理论中的民主评价新思路 [J]. 内蒙古社会科学, 2024, 45 (3): 62-69.

[56] 王康宁, 熊浩. 间接民主、代议制与精英统治 [J]. 北京行政学院学报, 2011 (6): 14-17.

[57] 李济时. 英国选举制度与代议制民主的效能分析——以民意代表性和统治有效性为视角 [J]. 当代世界与社会主义, 2006 (6): 62-66.